110 GOLES

Gabriel Forteza

110 GOLES

Gabriel Forteza

Primera edición: marzo, 2026

Título original: 110 GOLES

info@rapitbook.com
www.rapitbook.com

ISBN: 978- 84-10484-53-5

Depósito legal: PM 00211/2026

Autor: Gabriel Forteza

Diseño de cubierta: Javi Padilla

Imágenes interior: Archivo del autor, Javi Padilla, Joan Forteza, Pau Roca,
B. Ramón/Diario de Mallorca, Lorenzo/Diario de Mallorca y @RCD_MALLORCA.

Edición y maquetación: Andrés Cárdenas

Impresión y encuadernación: Impresrapit SL.
www.impresrapit.com

Este libro ha sido editado con mimo y magia en los talleres de Rapitbook,
donde los relojes corren hacia atrás y el Conejo Blanco cuida los derechos de autor.

Impreso en España - *Printed in Spain*

A todos los mallorquinistas
que tantas veces gritaron
¡¡¡Gooooooooooooooooooooool!!!

ÍNDICE

110 GOLES

Recordados, inolvidables, admirados, trascendentales, claves, de bella factura, feos, salvadores, históricos, significativos, bonitos, anecdóticos, emotivos, simbólicos, de pillería o plasticidad, de rebote, de liga, de Copa, en Europa, de local, de visitante, en campo neutral, queriendo o sin querer, amistosos, con el pie, con la cabeza, con el pecho, etc., etc.

Décadas. Repartidos por décadas para no incurrir en el error de hacerlo por su nivel de importancia o belleza, algo que resultaría totalmente objetivo y no se trata de eso. La subjetividad de su momento, enmarcados en sus correspondientes décadas, considero que resulta mucho más justo.

PROLEGÓMENOS

Desde que en 1894 apareciera por primera vez la palabreja *"foot-ball"* en el periódico La Almudaina hasta la fundación de lo que ahora es el RCD Mallorca en 1916 pasaron 22 años.

Entre medias, el profesor del Instituto Balear Adolfo Revuelta había solicitado en 1902, permiso al alcalde de Palma para practicar ese deporte en las afueras de la ciudad.

En Palma se practicaban otras actividades como la natación, el ciclismo, las regatas o la hípica.

Antes de la llegada del club que nos ocupa, otros ya estrenaron ese *"foot-ball"* como fueron el Veloz Sport Balear, el Palmesano, el España, el Binissalem o el Luliano además del Mahón FC, campeón de Menorca.

El 5 de marzo de 1916 tiene lugar la fundación del entonces Alfonso XIII que, pasó a denominarse Real Sociedad Alfonso XIII en el mes de junio, título concedido por el Rey.

Anteriormente, el 28 de mayo, el Alfonso XIII ganó el primer partido de su historia al imponerse por 1 a 0 al Veloz con gol del menorquín Triay en un partido que acabó a tortazos en una batalla campal, tras la tensa situación que había generado el hecho de que anteriormente, el Alfonso XIII se había nutrido con jugadores del Veloz.

Pero antes de eso, la fundación se celebró con un partido como se cuenta a continuación.

1916 - 1919
LA CREACIÓN

1 › Autores anónimos.

El primer gol de la historia del Real Mallorca es anónimo. No existe documentación alguna que asigne los goleadores del primer partido del que se tiene constancia. Sí se conoce el partido, la fecha, el lugar y el resultado, pero no los goleadores.

El entonces Alfonso XIII inauguró el campo de Buenos Aires el día de la fundación del club, es decir, el 5 de marzo de 1916. Y el partido inaugural para celebrar dicha fundación enfrentó al Alfonso XIII y a su segundo equipo, el Victoria Eugenia, todo muy monárquico como pueden comprobar.

El resultado fue de 5 a 1 y el equipo que puso en liza el nuevo club fue el formado por los siguientes futbolistas: Ferrá, Parpal, Castañer, Ferrer, Elvira, Llauger, Riera, Ramis de Ayreflor, Barbarín, Felipe y Socías.

Y reconocidos...

Miguel Triay. Primer gol del Alfonso XIII.

Posteriormente al partido inaugural, el Alfonso XIII se enfrentó al Veloz y la victoria por 1 a 0 tiene como goleador a Miguel Triay, un menorquín. Ese partido tiene la fecha reconocida del 28 de mayo de 1916. Y este gol sí está documentado, no como los autores de la 'manita' (entonces no se debía llamar así) al Victoria Eugenia.

Aunque antes, el 31 de marzo del mismo año, otro gol para la historia, un gol aristocrático, diría yo, también entró en los libros alfonsino-mallorquinistas:

José Quint Zaforteza.

El gol aristocrático. Era el segundo partido del Alfonso XIII en el campo de Bons Aires y se saldó con derrota por 2-4 ante el Mahón F.C. el 31 de marzo de 1916.

De familia aristocrática mallorquina, según documentación consultada, su nombre completo era José María Quint-Zaforteza y Amat Crespí de Valldaura y Oliver. Nacido y fallecido en Palma en 1894 y 1965. Fue uno de los fundadores-jugadores de la entidad y se relacionó también con el mundo del tenis.

Fuera del deporte se dedicó a la vida cultural y política siendo regidor en el Ayuntamiento de Palma. (Fuente: Xesc Ramis).

Estarellas (2) y Triay, otra vez.

El Real Sociedad Alfonso XIII disputa en Barcelona la Segunda Liga de Catalunya y se impone en la final al Palafrugell por 3 a 1. Los goles fueron marcados por Estarellas (2) y Triay. El equipo mallorquín se proclama campeón el 14 de octubre de 1917 y había acudido como campeón oficioso de Baleares. Aquel día jugaron Ferrá, Elvira, Picó, Llauger, Soler, Juncosa, Llabrés, Estarellas, Triay, Calafell y Vidal. El triunfo se celebra en el Gran Hotel tras un recibimiento en el muelle de Palma.

2 › Zabala.

Autor de dos goles, ambos de penalti, en un partido 'amistoso' que acabó como el Rosario de la Aurora el 3 de febrero de 1919.

Sucedió dos días después de otro partido que acabó 2-0 en el campo de O'Donell en una gira que hizo el Alfonso XIII por la península con paradas en Madrid y Murcia.

Zabala adelantó al equipo balear de penalti. Empató Bilbao y tras el descanso el partido se convirtió en una batalla campal. Zabala hizo el 1-2, también de penalti, y Rivas empató... de penalti. Tanto penalti había calentado el ambiente y un encontronazo entre el mallorquín Lladó y Santiago Bernabéu, el que años después fuera mítico presidente blanco, acabó con la expulsión de ambos cuando Bernabéu repelió la falta a base de puñetazos. Aún hubo un segundo expulsado de los alfonsinos, sin identificar, y el tercero que se fue a la calle fue el autor de los dos goles baleares, Zabala. (Historia de Xesc Ramis).

1920 - 1930

PRIMEROS PASOS

En la década de los veinte se creó la Federación Balear de Fútbol. Era 1926, y un año después el Alfonso XIII se proclamó campeón de Baleares. Fue una década de cambios en las juntas directivas y en permanente lucha por sobrevivir.

Se creó la Liga que se inició en la temporada 1928-1929, y también la Segunda división en la que el Alfonso XIII no fue incluido.

Donde sí entró el club mallorquín fue en la Copa de España de la campaña 1929-30.

3 › Pizá.

Primer gol oficial del Alfonso XIII en la Copa de España. 9 de diciembre de 1928. Eliminatoria de 1/16. Derrota 5-1 ante la Gimnástica de Torrelavega en partido jugado en Cantabria. La vuelta se ganó, en Barcelona, por 2-1, pero no resultó suficiente.

Partidos calificados de 'oficiales' aunque desde 1916 el club ya había jugado partidos en la 2ª división catalano-balear; en 1917 ganando al Palafrugell por 3-1 el primer título de la historia de la entidad, conseguido en Barcelona.

El acceso a la Copa se produjo tras proclamarse campeón de Baleares superando a la Unión Sportiva de Mahón en Son Canals por 5 a 1.

1930 - 1940

LOS CAMBIOS DE NOMBRE Y LA GUERRA CIVIL

La década estuvo marcada por la guerra entre 1936 y 1939.

El 14 de abril de 1931 se produce el cambio de nombre con motivo del exilio del Rey y el advenimiento de la II República, por lo que ese pasó de Real Sociedad Alfonso XIII a Club Deportivo Mallorca, denominación con la que se jugó la Copa de España de 1931.

En 1933 el club estuvo a punto de desaparecer hasta que en 1935 se logró cierta estabilidad.

La guerra lo paralizó todo.

Mención especial se merece un gran goleador, Sebastià Pocoví.

4 › Sebastià Pocoví.

El 29 de abril de 1934. Su primer gol de los 104 anotados fue en la derrota del equipo mallorquinista por 4 a 2 ante el Constancia de Inca. Leyenda.

Dicen los datos que es el tercer máximo goleador de la historia del club con 104 goles, solo superado por Antonio Socías con 139 y Vicente Moranta con 133. Cerca de Pocoví se quedó Joan Morro con 94 goles.

Además, Pocoví ostenta el récord de temporadas en el club con 16, igualado a Bernat Sans.

5 › Gornés.

Gol de la primera victoria oficial ya con la denominación de CD Mallorca. Gol de Gornés el 19-04-1931 en Copa del Rey. 1-0 al Castellón. Era 1931, año del paso de la monarquía de Alfonso XIII a la República, un hecho que había cambiado la denominación del club.

6 › Pizá.

Primer gol marcado en el extranjero. En la victoria por 0-2 en Argel ante el Galia. Fecha: 20-04-1930. Pizá marcó los dos goles.

1940 - 1950

ESTABILIDAD. EL LLUIS SITJAR

Si por algo destacó la década de los cuarenta en la historia del Mallorca es por la inauguración del estadio Luis Sitjar en 1945.

Antes, en 1940, el Real Madrid visitó por primera vez el campo de Bons Aires, dos amistosos con triunfos blancos por 1-2 y 0-2 al todavía CD Mallorca.

En 1941 se celebraron las Bodas de Plata. Campeones de Mallorca y de Baleares, aunque se perdió el ascenso a Segunda en 1942. El ascenso llegó en 1944.

En enero 1945 la noticia fue el pase del primer jugador del Mallorca al Real Madrid: Pau Vidal.

Uno de los partidos más polémicos de la historia tuvo lugar en mayo de 1945, en el campo de

Bons Aires, entre Mallorca y Constancia en Segunda división. El Mallorca, derrotado en Inca por 1-0, necesitaba ganar por dos goles de diferencia para salvar la categoría. Con un polémico arbitraje de Cruellas, el Mallorca se salvó y el Constancia descendió a Tercera.

En junio de 1947, el club pasa a denominarse Real Club Deportivo Mallorca, recuperando su condición de Real.

7 › Satur Grech.

En la 44-45 (24-09-1944). Primer gol en Segunda división. Primera jornada: Mallorca-2-Baracaldo-0. Bajo la denominación de CD Mallorca. Satur Grech marcó el 1-0 en el 28'. El segundo fue obra de Giraldós en el 66'. Grech jugó en el Mallorca cuatro temporadas, desde la 42-43 hasta la 45-46, ambas inclusive. Años después también fue entrenador mallorquinista en las campañas 49-50 y 61-62 (esta última incompleta).

8 › Sanz.

Inauguración del Luis Sitjar, entonces denominado "Es Fortí" en 1945. 23-09-45. Victoria 3-0 al Xerez. Gol de Sanz, protagonista cuyo nombre tiene una historia un tanto confusa.

Su nombre completo es un misterio; al parecer había nacido en 1909 en Madrid.

No se descarta que se llamara Carlos Sanz de la Huerga, según una investigación de José Alberto Salas, historiador de los jugadores del FC Barcelona.

Pero hay que tener en cuenta dos historias paralelas: en mayo de 1933, en una revista de Granollers aparece como Carles Sanz, con el nombre de pila en catalán, y en un listado de jugadores sancionados publicado el 08-03-1941 con relación al partido Ceuta-Constancia de Inca, aparece un tal Eduardo (y no Carlos, ni Carles) Sanz de la Huerga.

Según el historiador del Real Murcia, Pedro García, Sanz tenía un hermano llamado Eduardo. Sin embargo, Carlos tiene en su supuesta trayectoria cinco años jugando en el Constancia y no consta que fuera Eduardo.

Misterios de la época.

Los once que se alinearon en aquella inauguración fueron: Ramallets, Tamayo, Mesquida, Grech, Mateu, Castro, Pocoví, García Díaz, Sanz, Montalvo y Primo.

1950 -1960

ASCENSO A PRIMERA DIVISIÓN

No había mejor manera de acabar la década con el ascenso a Primera división de la temporada 1959-1960. El sueño de alcanzar la Primera división se había cumplido y al fin el Mallorca podría codearse con los grandes del fútbol español.

Antes, en 1955 Es Fortí pasó a llamarse Luis Sitjar.

En 1956 se produce una llegada clave al club, la del presidente Jaume Rosselló que aterriza en el Mallorca en el mes de julio y no parará hasta lograr el ansiado ascenso a Primera.

9 › Joan Morro.

Secundado por sus compañeros, lograron la mayor goleada en la historia del Mallorca en partido oficial: 12-2 al Porreres en 1957. Sucedió el 13 de enero de 1957. Como es de obligado cumplimiento en casos así, hay que citar al grupo de goleadores y no solo a uno; se lo merecen.

Goleadores: Joan Morro (6), Turró (1), Joan Forteza (2) y Jofre (3).

Joan Morro, aparece en la historia como uno d ellos grandes goleadores con la nada despreciable cifra de 94 goles.

En la temporada 56-57 marcó 34, cifra considerable para la época. Con esos 94 anotó 7 más que Joan Forteza y Jofre, ambos con 87. Morro debutó en la 50-51 y jugó hasta la 56-57. Un héroe un tanto olvidado.

10 › Julià Mir y Rodríguez II.

Gol ascenso a Primera en Vallejo.

El ascenso en Vallejo tuvo su miga. Tuvo lugar el 17 de abril de 1960 y no tan solo debía ganar el Mallorca en su visita al campo del Levante, sino que no debía hacerlo el Córdoba ante el San Fernando. Era la última jornada de la temporada

1959-60. Julià Mir y Rodríguez II fueron los autores de los dos goles mallorquinistas, dos goles para la historia.

Ese día, el RCD Mallorca lograba ascender por primera vez en su historia a Primera división, y lo hizo sin su capitán, Joan Forteza, que se había quedado en Palma sancionado tras haber sido expulsado en el partido anterior. Su figura en el puerto de Palma recibiendo a los compañeros que llegaron a casa en barco forma parte de la mística del acontecimiento. Después, tanto él como el resto de los jugadores, fueron subidos a hombros por los aficionados y llevados en volandas hasta el Ayuntamiento de Palma donde se celebró el ansiado ascenso.

▲ Juan Arango celebrando el gol al Real Madrid bajo el diluvio universal.

▲ Compartir recuerdos con Joan Forteza es mucho más que fútbol.

1960 - 1970

DEBUT EN PRIMERA Y ASCENSOR

La década de los sesenta fue un sube y baja del Mallorca entre Primera y Segunda división.

Se ascendió en la 59-60, se mantuvo tres temporadas en Primera y se bajó en la 62-63 para volver a subir en la 64-65 y volver a bajar en la 65-66 para regresar de nuevo en la 68-69 y descender en la 69-70.

11 › Joan Forteza.

Primer gol en Primera división.

Consumado el ascenso a Primera, el siguiente reto era ver quien obtendría el honor de marcar el primer gol en Primera división, un dato que ahora nos resulta muy llamativo por aquellos de las estadísticas y la historia pero que entonces ni los propios protagonistas le daban tanta trascendencia. Lo cierto es que la importancia del logro se ha ido valorando con los años y el primer goleador no podía ser otro que el capitán que se perdió el partido del ascenso ante el Levante, Joan Forteza.

Una jugada por la banda derecha de Julià Mir acabó en un balón centrado al interior del área donde Forteza remataba de cabeza para hacer otro gol histórico, esta vez con mayúsculas, el primero en la historia del club en Primera división, y eso queda para siempre.

Era el 18 de septiembre de 1960, en el desaparecido estadio Lluis Sitjar y ante el Racing de Santander. El partido acabó con triunfo local por 2-1 y era la segunda jornada, puesto que el estreno en Primera se saldó con derrota en el campo del Betis y sin gol para los bermellones.

12 › Francisco Sampedro.

Marcó el primero de la goleada al Real Madrid por 5 a 2 en el Luis Sitjar, en un partido para la historia jugado en 1962. Tras él también anotaron Pepillo (2), cedido por el Real Madrid al Mallorca), Achuri y Bergara II. En aquel Madrid estaban glorias de la época como Miera, Santamaría, Gento, Puskas o Amancio, además de Lucien Müller que, años después sería entrenador mallorquinista.

1970 - 1980

AL BORDE DEL ABISMO. RUINA ECONÓMICA

La década de los setenta fue, probablemente, la peor de la historia. Esta vez el horror de la desaparición fue un hecho casi consumado. Deudas, sin agua y sin luz, los jugadores sin cobrar, hasta que apareció en 1978 el presidente Miguel Contestí, bien rodeado de gente, que salvó los muebles. En toda la década no se vuelve a pisar la Primera división y los jugadores acaban encerrados en el vestuario como medida de presión siendo noticia en toda España.

13 > Sánchez Moreno.

Primer gol que supuso el primer punto en el Bernabéu de visita al Real Madrid. Temporada 1969-1970. Su único gol con la camiseta del Mallorca.

Se adelantó el Mallorca, 0-1, en el minuto 33. Era el 5 de abril de 1970. El entrenador del Mallorca era Barinaga que formó con: Gost; Muñoz, Mariano, Puig, Robles, Parera, Sánchez Moreno, Reina, Cáceres, Conesa y Luis Costa. En el Real Madrid jugaron Borja; Sanchís, Pirri, Calpe, De Felipe; Zoco, Velázquez, Fleitas; Amancio, Grosso y Gento. Marcó el empate, Fleitas.

Sánchez Moreno era un centrocampista nacido en Marruecos, concretamente en Larache; era menudo, 1'68. Jugó en Primera con el Mallorca 8 partidos, y otros 4 en dos temporadas posteriores.

1980 - 1990

RENACIMIENTO

Entre los aspectos a tener en cuenta de los años ochenta, uno de los más importantes fue el regreso de las Peñas. Y entre los responsables cabe citar a Pedro Colombás y la Penya Arrabal ubicada en la calle Fábrica.

Deportivamente, el equipo vuelve a Primera en 1983 y baja en 1984. Regresa en 1986 y desciende en 1988. Para subir otra vez en la 89-90.

14 › Paco Bonet.

Al Barcelona Atlético en el Luis Sitjar.

La jugada de Paco Bonet en el mencionado gol es absolutamente inolvidable. Se recorrió el césped del Lluis Sitjar de campo a campo deshaciéndose de todos los rivales que le salían al paso hasta entrar en la portería contraria con el balón en los pies. Ha pasado de recuerdo a la categoría de sueño.

Bonet jugó en el Mallorca en dos etapas: en las temporadas 80-81 y 86-88. Sus maltrechas rodillas le siguen pasando factura tantos años después.

15 › Ramón Reus.

El portero mallorquín pasó a la historia más que por sus paradas, por su gol al Córdoba en El Arcángel.

Siempre se ha dicho que el recinto cordobés es el más largo de España y en una acción puntual del partido contra el equipo verdiblanco, Reus lanzó un pelotazo en saque de puerta tan inmenso que botó delante del portero rival que estaba adelantado, el bote le superó por alto y acabó entrando en su portería.

Tan inesperada fue la acción que las imágenes de televisión solo captaron el momento en que el balón ya entraba en la meta rival.

Fue en la temporada 1982-83, el 24 de abril del 1983, y a la larga fue un gol importante para el ascenso del Mallorca.

Entonces, Reus solo jugó 10 partidos pues el titular habitual era Tirapu. El navarro se había lesionado y las crónicas de la época señalan que el entrenador, Lucien Müller, había recibido ciertas recomendaciones del club para que jugara Nacho García Mallo, portero recién fichado. El técnico francés apostó por Reus y le salió bien la jugada... del gol.

16 › Juani.

Desde medio campo. Luis Sitjar. Casi 50 metros. Fue en Copa de la Liga, segunda ronda del partido de ida contra el Málaga en el Luis Sitjar, de una competición nueva entonces y que no tuvo mucho recorrido después.

El 20-05-1984 el Mallorca supera al Málaga por 2-1 y Juani marcó los dos goles para remontar un 0-1 en contra. Se la traga el portero Burgueña. Juani descendió a Segunda tres años consecutivos (83, 84 y 85) con tres equipos distintos: Las Palmas, Mallorca y Málaga. Pero marcaba goles desde medio campo. Paradojas del fútbol.

17 › Enrique Magdaleno.

Uno a cero al Real Madrid. Temporada 86-87. Luis Sitjar. A pase de Trobbiani tras galopada de este por la banda derecha. Gol especialmente recordado por el mallorquinismo. Inolvidable la cabalgada de Trobbiani por su banda y pase de la muerte que finaliza Magdaleno en un partido marcado por la lluvia y el estado del terreno de juego del Luis Sitjar, una mezcla de agua y barro a partes iguales. Era el 15 de febrero de 1987.

18 › Juan Luis Riado.

Desde fuera del área al Bilbao Athletic en 2ª división. Y con la izquierda, recalca siempre que comentamos la jugada. Era un 24 de febrero de 1985. Riado marcó dos goles, el filial rojiblanco empató y Verón dio el triunfo con el tercero. Para mí no es un gol cualquiera. Riado es... Riado, el que tras saltar la pequeña pared del Luis Sitjar me firmaba autógrafos y el mismo que después, durante muchos años fue mi comentarista de guardia para asuntos del Mallorca en Radio Mallorca-Cadena SER.

Juan Luis, gracias por ser como eres. Y gracias a los lectores, que sé que me entenderán, porque en asuntos de mallorquinismo pensarán como yo. Riado fue mucho Riado, dentro y fuera del campo.

19 › Rolando Ramón Barrera.

Slalom al Barça en Copa de la Liga.

La Copa de la Liga, competición de nuevo cuño que no triunfó, dejó momentos entre brillantes y emocionantes. Y un gol de Barrera al Barcelona en el Luis Sitjar es de los recordados con más cariño, por su brillantez y por el argentino, siempre entre los más destacados en los corazones bermellones. Y qué gol, claro.

Su slalom entre seis contrarios conduciendo el balón y regateando hasta marcar es un delirio. Puso en pie a la afición de Es Fortí. Fue en 1984, el 3 de junio, y ya se sabe que esto va a gustos, pero no son pocos los que dicen que, probablemente, sea el mejor gol que se ha visto en el ya desaparecido Lluis Sitjar.

Arranca en campo propio tras recibir el balón de Dacosta y decide hacer la guerra por su cuenta. Barrera era un especialista en lanzamientos de falta, pero también en carrera con el balón pegado al pie levantaba pasiones. Un gol inolvidable.

20 › Gaby Vidal.

Al Espanyol. Ascenso en la promoción contra el Espanyol. 02-07-1989.

Dramática promoción contra el Espanyol. El Mallorca de Lorenzo Serra Ferrer supera a los catalanes con dos goles de la casa: Miquel Àngel Nadal y Gabi Vidal.

El presidente Miquel Contestí despidió al técnico Ivan Brzic y dio las riendas del equipo a Serra Ferrer cuya llegada al banquillo coincidió con la irrupción en el primer equipo de un talentoso extremo de la cantera, Gabi Vidal.

El 28 de junio de 1989 el Mallorca pierde el partido de ida en Sarrià por 1 a 0. En la vuelta, Nadal empata la eliminatoria que con el 1-0 se va a la prórroga y ahí aparece la figura de Vidal que marca el segundo gol y da el ascenso a Primera a los bermellones.

21 › Enrique Magdaleno y Luis García.

Goles del ascenso en Logroño. Fecha para la historia: 18-05-1986.

Ambos simbolizan un partido especial y cualquiera de ellos tiene cabida ex-aequo.

El Mallorca logró en Las Gaunas, ante el Logroñés, uno de los ascensos más celebrados y el 'Tronquito' Magdaleno y Luis García fueron los autores de los goles, sin olvidar la actuación estelar en el partido de 'Puskitas'.

22 › Pedro Sahuquillo

Al Xerez.

Gol de la remontada épica, 3-2 al Xerez en el Luis Sitjar.

El Mallorca perdía 0-2 a un cuarto de hora del final del partido. Y la remontada en quince minutos provoca la lipotimia en el banquillo del entrenador Antonio Oviedo, un tipo entrañable como él solo. Gol de penalty de Pedro Sahuquillo. (11-01-1981). Firmaron la remontada Sancayetano, Cuqui Nadal y Sahuquillo.

23 › Varios intérpretes.

Famoso 5-0 al Córdoba en Segunda B (grupo II). El Día de los Inocentes, sin que fuera una inocentada: 28-12-1980.

En plena lucha por el liderazgo de la categoría de bronce, los cinco goles del Mallorca en la primera parte bajo una lluvia torrencial son inigualables en la memoria de los aficionados bermellones. El Mallorca era 2º en la tabla y el Córdoba era el líder.

Como en los discos de la época que reunían los éxitos del año agrupando a varios cantantes, aquí también hay mencionar a todos ellos como protagonistas especiales:

Sancayetano, Paco Bonet (dos veces), Sahuquillo y Cuqui Nadal. Bonet fue expulsado en el 45' y ya no jugó la segunda parte.

Clasificación tras la jornada: Mallorca 54; Córdoba 53; Barça B 45. El Xerez era 8º con 40. El Mallorca era el nuevo líder, y por goleada.

Situado en la Tribuna de Sol (qué paradoja, con la que estaba cayendo, que era el diluvio universal), recuerdo que aquello me sirvió para definir a mi temprana edad qué era el éxtasis futbolístico.

24 › Jaume Bauçà.

De penalti en el histórico Mallorca-2-Poblense-1 de Tercera división en lucha por el ascenso a Segunda B. Luis Sitjar. 27 de enero de 1980.

Recuerdo ese día como el mejor ejemplo del fútbol de antes. Bufandas, gorros y banderas rojinegras y andando hasta el Lluis Sitjar. Ambientazo. Era Tercera división, pero qué Tercera división. Recorriendo los pueblos con el Mallorca, viéndole perder en Andratx o Santa Margarita, empatando en el estadio Balear y llegados a un punto sin retorno, el famoso partido contra el Poblense. Victoria por 2-1 con ese gol de penalti de Jaume Bauçà. Qué futbol, qué tiempos, con la bufanda el gorro y la bandera fabricado todo por mi madre, y para toda la familia. Bendito fútbol.

25 › Paco Martínez.

Volea desde fuera del área en un Mallorca-Osasuna el 12-02-1984, tras un saque de esquina ejecutado por Barrera. Otro de esos futbolistas que marcaron una etapa. Llegó procedente del Barcelona en un tiempo en el que el Mallorca recurría a jugadores madridistas o blaugranas que ya no tenían sitio entre los grandes: Zuviría, Estella, Martínez, San José, García Cortés, Sabido, etcétera.

26 › Gerry Armstrong.

Al Valladolid el famoso día de 'la caída del muro'.

El gran capitán Rafa Gallardo, en una de sus clásicas arrancadas al ataque, regatea al portero en el área pequeña, escorado, su tiro cruzado toca en un defensa y en el segundo palo el irlandés marca. En la celebración se cae el muro del fondo sur. Gente herida y Luis Sitjar clausurado. El vetusto Luis Sitjar empezaba a mostrar sus carencias, aunque duró muchos años más. El gol y el accidente tuvieron lugar el 18 de marzo de 1984. Los aficionados celebraban el 1-0 anotado por Armstrong, un tipo querido en la isla. El Mallorca con 20 puntos se jugaba sus opciones de permanencia ante un Valladolid que delimitaba la zona de descenso con 21 puntos. El irlandés marcó en el 35' de la primera parte. Según el presidente Contestí había sido "la jornada más triste de toda la historia del club". El partido acabó en empate y fue la antesala del descenso a Segunda.

27 › Pérez (Alberto Pérez Cámara).

Último gol en Tercera división. (25-05-1980). Defensa del Atlético Baleares en propia portería.

El fútbol es así. Penúltima jornada de la temporada 79-80, con ascenso del Mallorca a Segunda B como campeón. Después de ese gol, en la última jornada el resultado fue de empate a cero ante el Porreres.

A los 30' del derbi palmesano, Pérez se marca en propia puerta para acabar después el partido expulsado por doble amonestación. Jugó seis temporadas en el Baleares y acabó colaborando en el ascenso del máximo rival local.

28 › Francisco Javier López.

Un gol clave.

Llegó al Mallorca procedente del Betis y solo jugó una temporada en la isla, la 82-83 sin saber que sería clave para uno de los ascensos más famosos del Mallorca, el de la derrota en el Bernabéu ante el Castilla por 1-0.

El 10-10-82 el Mallorca le gana al Deportivo de La Coruña por 3-0 en Palma con dos goles de López y uno de Kustudic.

Ya en la jornada 25, el Deportivo le devuelve la derrota al Mallorca y se impone por 3-1 en Riazor. Ese gol clave del ascenso lo marca López, de nuevo. En el minuto 81 y resulta clave para el ascenso.

En la última jornada, los dos equipos que peleaban por la tercera plaza que daba el ascenso directo a Primera, perdieron. El Mallorca ante el Castilla por 1-0 y el Deportivo en Riazor por 1-2 ante el Rayo Vallecano.

Ambos suman 46 puntos, pero el gol average directo (3-0 en Palma y 3-1 en Riazor) da el ascenso al Mallorca, gracias al gol de López en Riazor.

◄ Entrevistando a Mateu Jaume.

Rolando Ramón Barrera. ►

▼ El ascenso de la noche de San Juan.

◀ Mi querido Juan Luis Riado.

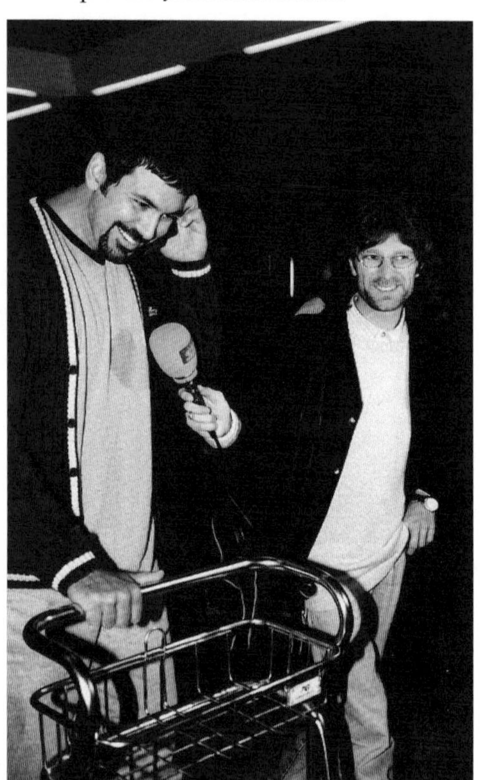

Roa recién aterrizado
nos atiende en directo. ▶

▲ Con el *Lechuga* Roa en una portería.

▼ Con Gaby Amato en Buenos Aires.

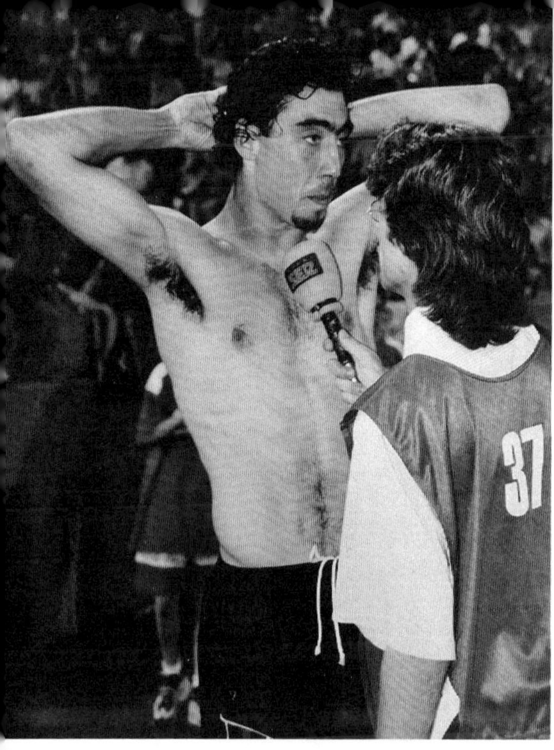

▲ De gala con Juan Luis Riado.

◀ Marcelino despidiéndose del Lluis Sitjar.

Rolando Ramón Barrera. ▶

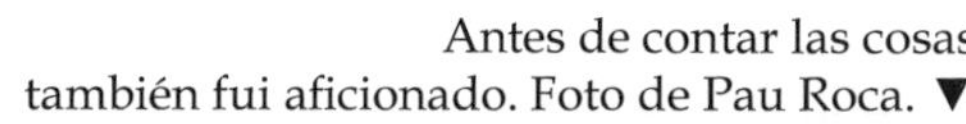

Antes de contar las cosas
también fui aficionado. Foto de Pau Roca. ▼

El coleccionista de hat-tricks:
Goran Milojevic. ▶

▲ Ariel Ibagaza.

▲Con Ariel *Caño* Ibagaza.

Vicente Engonga,
el arquitecto silencioso. ►

▼ Una charla con Ibagaza.

▲ Mi debilidad por Juan Arango es conocida.

▲ Luis García,
ejemplo de profesionalismo.

◀ Paco Bonet,
una estrella sin igual.

Entrevista con Arango
en la Ciudad Deportiva. ▼

◄ Vedat Muriqi, *El Pirata.*

Engonga y Stankovic juntos, casi nada. ►

▼ Querido Javier Olaizola.

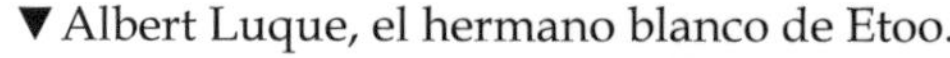

▼ Albert Luque, el hermano blanco de Etoo.

▲ Visitando a Güiza.

▲ El día que llegó Cléber Santana. Te recordamos con cariño.

◀ Diego Tristán colecciona camisetas además de goles.

▼ Julià Mir, héroe de Vallejo.

▼ Con Nunes en Portugal.

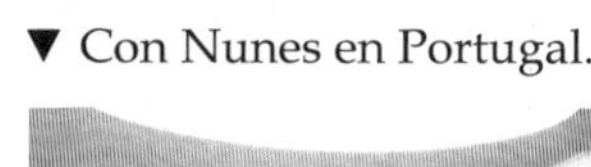

▲ La afición mallorquinista sabe lo que es disfrutar y sufrir.

El día que el estadio Martínez Valero de Elche se tiñó de bermellón. ▼

▼ Icónica celebración de *El Pirata* Muriqi.

▲ Stankovic marca el último gol oficial en el Lluis Sitjar.

▼ Dani Güiza, el arquero del gol.

▲ Joan Forteza anotando el primer gol del Mallorca en Primera división.

▲ Javi Padilla, responsable de la portada de este libro y fotógrafo de guardia.

1990 - 2000

DE VUELTA ENTRE LOS MEJORES

29 › Marcelino Elena.

Al Hearts of Mithlodian. Primer gol en competición europea. Recopa de Europa, última edición de dicha competición continental.

No fue fácil debutar en Europa. En la primera revisión de la UEFA al vetusto Lluis Sitjar surgieron algunos inconvenientes como la comba que hacía el terreno de juego de una banda a la otra, lo que provocaba que las porterías fueran algo más bajas en el centro de su longitud que a la altura d ellos postes. Pero bueno, al final se arregló el tema y se pudo debutar. No obstante, el debut en casa fue en el partido de vuelta, pues la ida se jugó en Edimburgo (Escocia) desde donde el Mallorca se trajo un resultado favorable: victoria por 0-1 con gol de Marcelino Elena, el central asturiano que tan buenas tardes-noches de fútbol dejó para los mallorquinistas con muchos logros antes de irse a Inglaterra.

La ejecución no fue de lo más bella, pero contó como gol. Fue a la salida de un saque de esquina ejecutado por Stankovic en el que Marcelino entró a rematar en el primer palo y empujo el balón a la red con el abdomen. Un gol para la historia. Fue el 17 de septiembre de 1998. Fue el inicio de un Mallorca en Europa que llegó hasta la final de la competición.

30 › Jovan Stankovic.

Final Copa en Mestalla el 29 de abril de 1998. Minuto 6 del partido, con aficionados mallorquinistas llegando aún al estadio, tarde, procedentes del puerto de Valencia después de que el barco de seguidores llegara más tarde de lo previsto. El serbio remata en el segundo palo un centro de Amato desde la derecha tras hacer el argentino una jugada imposible en la línea de fondo de la banda derecha. Era el 0-1. Luego empató el Barcelona y en la tanda de penaltis, el propio Stankovic erró el clave y luego Eskurza el de la derrota definitiva. La derrota del orgullo.

31 › Dani García Lara.

En Stamford Bridge al Chelsea en la ida de semifinales de la Recopa de Europa. El famoso día del mordisco en la oreja de Dennis Wise a Marcelino.

Dani recibió un balón al espacio al interior del área, se deshizo del portero Barthez y marcó ante la oposición de Lebouef. El resultado final fue de 1-1 el día 8 de abril de 1999. En el Lluis Sitjar, Leo Biagini sentenció la semifinal marcando el 1-0 que clasificaba al Mallorca para la final de Birmingham contra el Lazio.

32 › Leo Biagini.

Al Chelsea en el Lluis Sitjar. 22 04-1999. Partido de vuelta de la semifinal de la Recopa contra el Chelsea. En la ida el Mallorca había empatado 1-1 en Londres y el solitario gol del delantero argentino a los 15 minutos del partido rematando de cabeza en el primer palo un centro desde la izquierda de Stankovic clasificaba al Mallorca para la final de Birmingham contra el Lazio.

33 > Dani García Lara.

Final de la Recopa de Europa contra el Lazio en Villa Park (Birmingham). 29 de mayo de 1999. Catorce mil mallorquinistas en las gradas. El Mallorca marca tras una excelente combinación en la banda izquierda entre Miquel Soler y Stankovic y Dani con un toque sutil ante la salida del portero rival ilusiona a los seguidores bermellones. Era el empate tras el gol inicial de Christian Vieri. Luego, a ocho minutos del final Nedved acababa con el sueño del Mallorca.

34 > Carlos Domínguez.

En Vallecas al Rayo. Ascenso a Primera.

El Mallorca había perdido en la temporada 95-96 la promoción de ascenso contra el Rayo Vallecano. En la eliminatoria final el Mallorca había ganado en Palma por 1 a 0, pero había perdido en Vallecas por 2-0. Y lo que son las cosas, un año después, se repite promoción entre los mismos protagonistas, Rayo y Mallorca y con el mismo orden de partido, y con el mismo resultado en la isla: 1 a 0 a favor del Mallorca.

Había que volver a Vallecas para vivir, otra vez el desenlace, en lo que era un déjà vu absoluto.

Pero esta vez los dos goles que volvió a marcar el Rayo tuvieron respuesta: un gol de Carlos que devolvía al Mallorca a Primera en la temporada 96-97. El 2-1 daba el ascenso al Mallorca el 27 de junio de 1997. Jugada iniciada entre Galca y Obiku con pase al espacio a Stankovic en banda izquierda que puso un centro medido al segundo palo para el remate a gol de Carlos.

35 › Jovan Stankovic.

Último gol oficial en el Luis Sitjar. De libre directo al Celta. TVE eligió ese gol para la carátula de su mítico programa Estudio Estadio durante años.

El fútbol no tiene misterio y cuando se trata de historias elegidas por los dioses, siempre aparecen los futbolistas especialmente marcados para los grandes acontecimientos y Jovan Stankovic es una de esas figuras en la historia mallorquinista.

El equipo bermellón iba a dejar su casa, el estadio Lluis Sitjar, por obsoleto y hasta peligroso en sus estructuras. El nuevo estadio de Son Moix, construido para la Universiada'99, ya esperaba al Mallorca. Y el Mallorca-Celta de la penúltima jornada de liga era la despedida.

Y como si estuviera escrito en un guion, se produjo una de las jugadas más icónicas que yo recuerdo: falta en la frontal del área contra el Celta, e unos años en que la rivalidad con los celtiñas por ser esa alternativa a los equipos grandes había crecido. Era ideal para el perfil de un zurdo, y ahí el Mallorca tenía al mejor zurdo posible, Stankovic. Lanzamiento directo y, ¡¡¡Gooooooool!!!

Sobran más palabras, no hay nada que añadir. Cierren los ojos y verán el gol. Yo lo hago, y lo veo. Ese gol aseguraba la clasificación para la previa de la Champions League. Fue el 13 de junio de 1999. El partido acabó con victoria por 2-0, y el Luis Sitjar siguió en activo unos años más para el filial Mallorca B, pero el primer equipo puso el cierre al estadio de Es Fortí.

36 > Carlos Domínguez.

Primer gol oficial en liga en Son Moix. Al Real Madrid.

Y si Stankovic cerró el Luis Sitjar, Carlos Domínguez abrió Son Moix. El autor del gol del ascenso en Vallecas fue quien inauguró los goles mallorquinistas en el nuevo estadio. Fue en la primera jornada y ante el Real Madrid, con la repercusión añadida que tiene eso. Carlos adelantó al Mallorca, 1-0. Pero luego la pareja Raúl-Morientes marcaron dos goles y se llevaron el triunfo; pero nadie le quita a Carlos el honor de haber conseguido el primer gol del Mallorca en Son Moix. Era el 21 de agosto de 1999.

37 › Dani García Lara.

Supercopa de España. Al Barça en el Camp Nou. Primer título oficial en la historia del Real Mallorca.

En el partido de ida (entonces la Supercopa de España se jugaba en verano, antes de empezar la liga y a doble partido), el Mallorca había ganado por 2-1 en Palma. La vuelta, el 22 de agosto de 1998, se presumía muy complicada en el Camp Nou con un resultado tan ajustado.

Pero a los 29 minutos del partido, un centro de Miquel Soler era rematado de cabeza por Dani batiendo a Hesp y ahí se acabaron las posibilidades del Barça. Ese gol de Dani le dio al Mallorca el primer título oficial en la historia del club. El fútbol fue justo con el mallorquinismo y con su entrenador Héctor Cúper que meses antes había perdido la final de la Copa del Rey por penaltis en una final épica disputada en Mestalla.

38 › Constantin Galca.

Desde fuera del área al Castilla. Temporada 96-97, la del ascenso a Primera en Vallecas.

Hay quienes tienen cierta debilidad por los zurdos y entre las mejores piernas izquierdas de la historia del Mallorca está la de un rumano que solo estuvo una temporada, era centrocampista posicional, tenía un golpeo de balón bárbaro y una capacidad de generar juego espectacular. Claro, por eso duró solo una temporada. Lucía el 5 en la espalda y tobilleras blancas por encima de la media negra. Su nombre: Constantin Galca y siendo mediocentro marcó 13 goles en la campaña que vistió de bermellón.

Su zambombazo desde fuera del área para marcarle al Castilla le define como futbolista. Se fue al Espanyol y a un sector de la afición eso no le gustó.

39 › Diego Tristán.

Al Barça B con el Mallorca B.

Me van a permitir esta licencia. Incluyo un gol del filial Mallorca B porque la ejecución de ese gol fue estelar. Se enfrentaban los filiales del Mallorca y el Barcelona. Era en el estadio Luis Sitjar, un domingo a mediodía. En Segunda división, la única temporada del Mallorca B en segunda. Jornada 1. El Mallorca B ganó 4-1 y el cuarto gol fue una obra de arte de un artista, Diego Tristán.

Recibió el balón cerca de la frontal del área e inició una jugada individual con un regate mágico al defensor y elevando después el balón por encima del portero.

No hace falta decir hasta dónde llegó después diego Tristán que en esa jugada tuvo un espectador de lujo a dos metros: Carles Puyol, entonces aún en el filial del Barça.

Esa temporada, la pareja Tristán-Luque marcaron 30 goles, 15 cada uno. Por desgracia el filial bermellón descendió a final de temporada. Tenía un equipazo. El portero era Leo Franco.

Tristán marcó el primero y el cuarto; Luque el segundo y Maldonado el tercero. Fue una mañana de domingo, 30 de agosto de 1998.

40 › Juan Carlos Valerón.

Slalom ante el Athletic.

Valerón había llegado a la isla con el cartel de hermano de Miguel Ángel Valerón del que decían que era el bueno de los dos, pero este había sufrido una grave lesión de rodilla que le dejó en el camino.

Juan Carlos aterrizó en el Mallorca en agosto de 1997, el mismo verano que el brasileño Palinha, conocido artista del fútbol.

Pero en manos de Héctor Cuper, Palinha era un jugador de sacrificio cero, mientras que el 'desgarbado' Valerón aparentaba una cosa y luego era otra. Típico jugador canario del buen arte del fútbol, Valerón le quitó el sitio que parecía garantizado a Palinha y se fue convirtiendo en la estrella que luego brilló en el Depor y en la Selección Española.

Pero antes de eso, Valerón marcó un gol de lujo en el Luis Sitjar. Se deshizo de dos defensores y del portero rival y marcó a puerta vacía. El Mallorca se impuso por 4 a 0 en la jornada 12 de su reencuentro con la Primera división.

El Mallorca recibía al Athletic Club y tras recibir un balón de Engonga, el canario inició una jugada individual anotando un gol que puso en pie a la afición mallorquinista el 10 de noviembre de 1997.

41 › José Luis Morales.

Promoción ante el Rayo. 95-96.

José Luis Morales fue una de las revoluciones más importantes del Mallorca de finales de los noventa. Hecho en la cantera del Real Madrid tenía un gen competitivo espectacular y el presidente Bartolomé Beltrán consiguió la cesión del delantero madrileño y Morales fue clave para alcanzar el desenlace de la temporada, jugar la promoción de ascenso contra el Rayo Vallecano. Era el Mallorca de la dupla formada por Víctor Muñoz y Pichi Alonso en un 29 de mayo de 1996.

El primer partido de la promoción se jugó en Palma y ganó el Mallorca gracias a un gol de remate de cabeza del pequeño (en estatura) Morales que, después estrelló una falta directa en el larguero que, de haber entrado, quizá hubiera adelantado la buena historia de un año después. En esta ocasión la ventaja en el marcador para el partido de vuelta no fue suficiente y el Mallorca se quedó en Segunda. Un año después, volvería a jugarse la misma promoción, esa vez con éxito mallorquinista.

42 › Juan Manuel Barbero.

Promoción ante el Rayo. 96-97.

Si el gol de José Luis Morales no sirvió para ascender, el de Juanma Barbero un año después, fue la antesala del ascenso.

Se repetían los protagonistas de la promoción del año anterior y el orden de partido era el mismo, claro: la ida en campo del equipo de Segunda y la vuelta en el campo del equipo de Primera.

El 1-0 en Palma lo marcó el central Barbero con un gran remate de cabeza el 25 de junio de 1997. El 2-1 en la vuelta en Vallecas dio el ascenso al Mallorca a Primera. Venganza consumada ante el Rayo.

43 > Álvaro Cervera.

Marca el 1-0 que clasifica al Mallorca para la final de Copa de 1991 el 22-06-1991.

Hassan Fadil marcó el 0-1 de la ida en Gijón y Álvaro rubricó con el 1-0 en Palma. Año del 75 aniversario del club.

Las efemérides nunca viajan solas. El Mallorca alcanzó la primera de sus históricas cuatro finales de Copa del Rey en 1991, y dos goleadores sentenciaron al Sporting de Gijón en semifinales.

Hassan en El Molinón y Álvaro en el Luis Sitjar, entraron de lleno en el historial copero del club. Y todo celebrándose el 75 aniversario de la entidad nacida en 1916. La firma hubiera sido el título, pero no pudo ser.

44 > Jovan Stankovic.

De penalti en la previa de la Champions. Contra el Molde noruego. 25 de agosto de 1999. En la ida 0-0 en Noruega. Vuelta: 1-1 en Son Moix. Eliminados.

Fue una decepción absoluta. Para empezar, contra todo pronóstico, en una primera eliminatoria el Molde había eliminado al Spartak de Moscú, a priori favorito de ese emparejamiento. Y después, tras el empate a cero de Noruega, todo apuntaba a que el Mallorca resolvería en Son Moix, y no fue así. El Molde se adelantó y Stankovic igualó desde los once metros, pero no fue suficiente y el Mallorca se quedó fuera de la Champions. El entrenador mallorquinista era el argentino Mario Gómez que había llegado para suplir a su compatriota Cúper que había fichado por el Valencia. Gómez no cumplía con los requisitos en lo que a la documentación se requería y Fernando Vázquez le sustituyó en el cargo apenas empezada la liga.

45 > Juan Carlos Valerón.

Al Atlético de Madrid en el Vicente Calderón. 2 a 3. Ese gol salvó a Cúper de una destitución que estaba decidida. El resto, es historia. Marcó en el 69'. Jornada 17. Primera división en el primer año de Cúper. Temporada 1997-1998. Antes habían adelantado por dos veces al Mallorca Pepe Gálvez (en el minuto 1) y Lluis Carreras. 17 de diciembre de 1997.

46 > Toni Prats.

Tenerife Mallorca en Copa del Rey. 20-01-1993.

Tanda de penaltis. Marca el decisivo para la clasificación el portero mallorquinista Toni Prats.

Resultado de la tanda: 5 a 6 a favor de los bermellones. Prats se caracterizó por un excelente golpeo de balón más allá de lo tradicional en los porteros de la época.

47 › Vlada Stosic.

Falta directa al Tenerife.

Probablemente el mejor lanzador de faltas, diestro, en la historia del Mallorca. Entre Primera y segunda destacó en el primer lustro de los noventa. Al Tenerife se la clavó por toda la escuadra.

Jugó en el Mallorca 95 partidos y marcó 27 goles, buenos datos para un centrocampista. Luego se fue al Betis.

Formó parte de la tripleta serbia del Mallorca formada por él mismo, Bogdanovic y Milojevic.

48 › Gaby Amato.

Cuatro minutos tardó en marcar en su primer partido de liga con el Mallorca. 31-08-1997.

Fue el 1-0 ante el Valencia en partido que acabó 2-1. Era el retorno a Primera división en la temporada 97-98 con Héctor Cúper en el banquillo. Y con una colección de exjugadores del Valencia descartados por el entrenador Jorge Valdano que recalaron en la plantilla mallorquinista: Engonga, Iván Campo, Pepe Gálvez, Eskurza, Gaby Moya y Romero.

El delantero argentino había llegado procedente del Hércules de Alicante y llamaba la atención por sus botas blancas. Marcó 13 goles con el Mallorca y se fue al Glasgow Rangers.

49 > Julián Ronda.

Copa del Rey de la temporada 1994-1995, cuarta ronda contra el Celta de Vigo.

El Mallorca gana en Palma 2-1 y el primer gol lo anota el defensa Julián Ronda (q.e.p.d.), en un remate de cabeza a la salida de un córner en el minuto 33. Fue el 25-01-1995. En Vigo se empató a cero y el Mallorca pasó a octavos de final donde superó al Toledo, pero luego cayó en cuartos ante el Valencia. Alguno pensará qué tiene de especial este gol: simplemente, y con eso basta, el recuerdo de un gran tipo: Julián Ronda.

50 > Aitor Huegun.

Primer gol de la temporada 95-96.

3 de septiembre de 1995, en el Osasuna-0-Mallorca-2 de la primera jornada en Segunda división.

Remate de cabeza. Como curiosidad particular de quien escribe: mi primera temporada completa desde el inicio en Radio Mallorca-Cadena SER.

51 › Paco 'Chichi' Soler.

Primer gol en 'mi' primer Trofeo Ciudad de Palma (1995) en el Luis Sitjar. Semifinal Mallorca-2-Betis-0 jugada el 11 de agosto de 1995. El segundo lo marcó Josemi. El Vasco da Gama eliminó al Barcelona y la final entre brasileños y Mallorca se la llevaron los cariocas.

52 › Jovan Stankovic.

Gol olímpico en Mendizorroza contra el Deportivo Alavés. 19-02-1998.

Semifinales de la Copa del Rey, temporada 1997-98. Se ganó 1-2. El segundo gol fue obra de Santi Ezquerro. El Mallorca se metió en la famosa final de Mestalla contra el Barcelona que acabó sin título futbolístico, pero con título moral.

2000 - 2010
ÉPOCA DORADA

Si el final de los noventa fue excelente, el nuevo milenio empezó de forma extraordinaria, aunque a medida que avanzaba se fue complicando, saliendo a flote, eso sí. Fue una década entre la Champions y las luchas por la permanencia. Además de lograr la merecida Copa del Rey después de dos intentos quedando a las puertas en la década anterior.

Por cierto, por primera vez el Mallorca completó una década entera en Primera división, algo que no ha vuelto a suceder.

53 › Juan Arango.

Al Real Madrid bajo una lluvia torrencial. Victoria por 2-1. El otro gol lo marcó Pisculichi de penalti. Simbólica imagen de Arango tras batir a Casillas con el puño alzado bajo el diluvio. Fue el 25-02-2006.

Esa derrota provocó la dimisión de Florentino Pérez como presidente del Real Madrid en su primera etapa.

54 › Juan Arango.

A la media vuelta el día del hat-trick a la Real Sociedad. Uno de los goles más bonitos que se han visto en Son Moix. En la banda izquierda del ataque mallorquinista, Alejandro Campano efectúa un saque de banda; esper de cara Arango que, controla con el pecho y a la media vuelta lanza una volea que entra por la escuadra del otro lado de la portería donostiarra. Ese día el venezolano no se conformó con ello, sino que firmó un hat-trick. El Mallorca se impuso por 5 a 2 el 17 de septiembre de 2005.

55 › Vicente Engonga.

Primer gol del Mallorca en la Champions League. De penalti al Arsenal en Son Moix.

No fue un buen día para la sociedad mundial, pero sí para la historia del RCD Mallorca.

Era el 11 de septiembre de 2001. Un ataque terrorista derrumbaba las Torres Gemelas de Nueva York y ese hecho empezó a cambiar el mundo.

Ese día no hubo retransmisiones deportivas y ese día debutaba el Mallorca en la mayor competición continental de clubes del mundo, la Champions League, antes denominada Copa de Europa.

Y un clásico de nuestro fútbol, Vicente Engonga, anotó el primer gol en la Champions del Mallorca. Un derribo en el área a Ibagaza que, lesionado, no pudo volver a jugar, fue el origen del penalti señalado por el árbitro y transformado en gol por Engonga.

La alegría fue contenida. No estaba nadie para alegrías aquel trágico día para la sociedad mundial.

56 › Samuel Etoo.

En Champions, en Alemania al Schalke 04. Un gol al contraataque para enseñar en las escuelas de fútbol. Fase de grupos de la Champions League en Gelsenkirchen.

Recuperación del balón en defensa, combinación en la salida entre Miquel Soler y Engonga que abre a la banda izquierda donde Luque se deshace de su marcador y se va solo, le acompaña en carrera por el centro Etoo que recibe y solo tiene que empujar. Era el 26 de septiembre de 2001 y el 0-1 en el minuto 65 de partido.

57 › Diego Tristán.

Al Ajax en Amsterdam. Copa de la UEFA. ¡Qué gol! Vuelve a aparecer en escena Engonga en la recuperación del balón para enviar el pase a Miquel Soler y éste a Diego Tristán que recorre 25 metros entre tres contrarios, con sombrerito incluido a uno de ellos, hasta chutar a portería y batir al meta del Ajax. Nunca ningún equipo español había ganado en el campo del histórico Ajax. Ese día el Mallorca vistió una de sus camisetas más bonitas a la hora de cambiar, una camiseta negra espectacular. 25-11-2005.

58 › Cléber Santana.

De chilena. Victoria por 2-0 ante el Almería en Son Moix el 12 de marzo de 2009, en la jornada 30 de liga de la temporada 2008-2009. A la salida de un córner, en el minuto 59 de partido, leve rechace de la defensa y el balón le llega al brasileño que está de espaldas a la portería y marca de chilena. Gol de bella factura.

59 > Cléber Santana.

En el Bernabéu. 24-05-2009. Dos meses y días después de la chilena del propio Cléber al Almería, el Mallorca visita el Bernabéu. Recuperación de balón en el centro del campo contrario, el balón es orientado hacia el costado derecho y Cléber empieza a regatear a jugadores blancos hasta que a la altura del pico del área hace un movimiento para chutar como si se encogiera hacia dentro y manda el balón a la escuadra a la que no llega Casillas. Era el 1-2 de un partido que acabó 1-3 para el Mallorca en la jornada 37 de liga.

Cléber Santana perdió la vida en el desgraciado accidente de aviación del Chapecoense, club brasileño cuyo avión se estrelló el 28 de noviembre de 2016 cuando volaba de Santa Cruz de la Sierra (Bolivia) a Medellín (Colombia) para disputar la final de la Copa Sudamericana.

60 > Ariel 'Caño' Ibagaza.

En el Bernabéu. Eliminatoria de Copa del Rey. Picadita con sutileza por encima de Dudek. Gol de lujo. Si no lo han visto nunca, búsquenlo. Es un gol de estrella, de una estrella que nunca fue lo suficientemente valorada. Pase en diagonal por alto de derecha a izquierda de Varela y con el defensor encima el Caño la controla en el aire y la eleva por encima del portero. Era el 0-1 en el minuto 83 que clasificaba al Mallorca y eliminaba al Real Madrid un 17 de enero de 2008.

61 › Samuel Etoo.

En el Bernabéu: "Yo, aquí…". 8 de mayo de 2004. Eliminatoria de Copa del Rey.

Gol de crack. Recibe el balón en tres cuartos de campo, se va entre cuatro contrarios y a la altura del punto de penalti bate a Casillas.

Se va a celebrarlo a la esquina de córner dando un ligero toque de cabeza al banderín blanco y posteriormente se dirige al palco del Bernabéu con el famoso "¡yo aquí!", una reivindicación por todo lo alto una vez que el Real Madrid, dueño del 50% de sus derechos, no lo repescaba, no le hacía sitio en su plantilla donde él quería jugar desde que le trajeron a los 15 años desde Camerún. El partido acabó 2-3 con victoria del Mallorca de Luis Aragonés. Un año después, Etoo ficharía por el Barcelona.

62 > Dani Güiza.

Pichichi de la liga. 'Picacho' al Real Murcia (de visita). Jornada 33. Temporada 2007-2008. El 20 de abril de 2008. Hizo un hat-trick.

La picadita o vaselina era denominada picacho por el propio Güiza. Ese hat-trick ante el Real Murcia fue el último triplete de un jugador del Mallorca hasta que en 2026 lo hizo Vedat Muriqi, así que el jerezano ostentó el 'título' del último hat-trick durante casi 18 años.

63 > Javier Olaizola.

Su único gol. Al Celta. De cabeza, a pase también de cabeza de Miguel Ángel Nadal.

Que Olaizola marcara un gol era noticia, pero que además lo hiciera de cabeza ya era el colmo. Y en aquellos clásicos del momento entre Mallorca y Celta, y en Balaídos. Eterno lateral derecho y capitán que veía siempre el área contraria desde muy lejos.

Marcos, a balón parado, lanzó desde campo propio un pase muy largo que Nadal toca de cabeza hacia el punto de penalti y ahí, Olaizola solo, remata de cabeza a gol. Su celebración en el banquillo colgado literalmente de su compañero y amigo Lluis Carreras es una de las imágenes del partido. Era el empate a dos con el que el Mallorca se llevó un punto de Vigo.

Ese fue EL GOL DE OLAIZOLA. El único. No marcó más. No era su cometido. Fue el 17 de diciembre de 2000.

64 › Samuel Etoo.

Al Recreativo en la Final de Copa en Elche, cita cuya fecha es inolvidable: 28-06-2003.

Lo de Samuel Etoo en el Martínez Valero es más que fútbol. El día antes, el entrenador Gregorio Manzano le notifica en el entrenamiento la muerte de su compañero de selección Marc Vivien Foé que pierde la vida al caer fulminado en la Copa Confederaciones a la que Etoo pensaba acudir tras acabar la final de Copa de Elche.

Samuel Etoo, un tipo mentalmente muy fuerte, se quedó a jugar la final, aunque en el club le concedían libertad para marcharse si lo consideraba oportuno. El mejor delantero de la historia del Mallorca decidió quedarse y él fue el gran protagonista de la final marcando dos de los tres goles del Mallorca. Elijan ustedes, lectores, el que quieran. Cualquiera de los dos es para enmarcar.

Etoo ganó la Copa y se fue con su selección. La estrella, el hombre que marcaba diferencias y que con sus goles dio la Copa del Rey al Mallorca, se perdió las celebraciones porque días antes, lo que había perdido era un amigo.

Aquella Copa Confederaciones la perdió Camerún en la final ante Francia por 1 a 0.

65 > Samuel Etoo.

Su primer gol en el Mallorca.

Fue el 2 de abril del año 2000, en Son Moix, contra el Espanyol.

Etoo había llegado a la isla en el mercado de invierno de esa temporada 99-00, procedente del Real Madrid y traspasado por el 50% de sus derechos por 4 millones y medio de euros. Antes había jugado cedido, precisamente, en el Espanyol y también en el Leganés.

Ese primer gol sirvió para establecer en ese momento el 1-1, aunque el Mallorca acabó perdiendo el partido por 1-3. El primer gol del Espanyol lo había marcado un exespanyolista, el rumano Galca.

66 › Borja Valero.

Gol 1.000. Empate 1-1 en Villarreal. Temporada 2009-2010. 14 de septiembre de 2009.

Las estadísticas siempre buscan registros históricos y este es uno de ellos. El Mallorca alcanzó la cifra de mil goles y el autor de ese gol fue Borja Valero, un excelente jugador entre líneas, media punta, de esos que su cantera, la del Real Madrid no acaba dándole la oportunidad y tienen que salir. Y curiosamente le marcó el gol al que luego sería su siguiente equipo, el Villarreal.

67 › Jonás Gutiérrez "El Galgo".

0-1 en el Vicente Calderón.

El 'Galgo' Gutiérrez se caracterizó por dos cosas: una por sus cabalgadas en banda que recordaron al querido Trobianni de los años ochenta y otra, sus celebraciones en casa poniéndose la máscara de 'Spiderman'.

En un momento dado, el argentino marcó un gol de esos que te dan caché: el 0-1 en el desaparecido Vicente Calderón al Atlético de Madrid para sumar los tres puntos. Fue el 30 de abril de 2006.

68 > Pierre Webó.

Gol al Bayern de Munich en el Trofeo Ciudad de Palma (33ª edición).

08-08-2007 en Son Moix. El Mallorca golea por 3-0 a un sorprendido Bayern desde el minuto 5 con un gran gol del camerunés Webó: se interna en el área, regatea a Van Buyten y se la clava en la escuadra a Oliver Kahn. Luego, Güiza y Víctor sellaron el 3-0. El Bayern venía de un partido de Copa exigente pocos días antes, pero jugaron futbolistas del nivel de Kahn, Ribery, Van Bommel, Altintop y un incipiente Toni Kross.

69 > Miguel Ángel Nadal.

A la Real Sociedad. 0-1. Por indicación de Luis Aragonés.

El Mallorca estaba empatando a cero en Anoeta ante la Real Sociedad, un resultado de gran valor en cualquier circunstancia. Pero Luis Aragonés siempre quería más y con gestos ostensibles indicó a Nadal que subiera a rematar un córner. El central mallorquín dudó y respondió que con 0-0 no podían dejar al descubierto atrás cualquier posibilidad de contraataque donostiarra. Pero Luis insistió hasta que prácticamente le obligó a subir.

Se ejecutó el córner y Nadal remató de cabeza a gol. Era el 0-1 y los tres puntos volaron de vuelta en el equipaje del equipo.

Las cosas de Luis, las cosas que le hacían diferente. 05-11-2000.

70 › Ángel 'Petete' Correa.

Último gol en Europa…hasta la fecha. en el Newcastle 4 - Mallorca 1. 11-03-2004.

Lleva más de veinte años sin aparecer por Europa en competición el RCD Mallorca, de ahí que, por desgracia, el gol de Correa al Newcastle sea todavía el último gol anotado por los mallorquinistas en competición continental. Espero que, con el tiempo, este gol desaparezca de entre los elegidos. Será buena señal.

71 › Juan Arango.

Marca el séptimo (7-1) en la mayor goleada en la historia en 1ª división. 09-03-2008.

Arango marcó 3, Güiza 2 y Borja Valero otros 2 en una fecha enmarcada: 9 de marzo de 2008.

Se mantiene como la mayor goleada en Primera en la historia del Mallorca y uno de los nombres propios más característicos de la era reciente, el venezolano, Juan Arango fue el autor del séptimo, el gol que le daba al club una página nueva en la historia, la de la mayor goleada.

72 › Samuel Etoo y Albert Luque.

Segunda previa de Champions. 21-08-2001. Ida: derrota 1-0 en campo de Hajduk Split. Vuelta: 2-0 en Son Moix.

Aquí compartimos goleadores por la importancia del evento. A la segunda fue la vencida y esta vez el Mallorca superó la previa de la Champions y entró en la mejor competición de clubes del mundo.

El partido en Split fue una encerrona y, aun así, el Mallorca salió derrotado solo por la mínima. Son Moix dictó sentencia en una noche histórica.

73 › Sergio y Güiza.

Intertoto. Ida: Mallorca 2 - Ceahlaul Piatra 1. El 01-07-2000. Se jugaba entre dos temporadas, en fechas supuestamente dedicadas a las vacaciones y posteriormente la pretemporada. El Mallorca decidió jugar esta competición con el filial Mallorca B a las órdenes de Juan Ramón López Caro en el banquillo.

¿Qué era la Intertoto?

Creada en 1995 por la UEFA para clubes europeos que no habían alcanzado clasificación continental por las vías tradicionales que daban derecho a ello (Copa de Europa, luego Champions, Recopa, luego desaparecida y Europa League, antes Copa de la UEFA), los equipos accedían a la Intertoto quedando un peldaño por debajo en la tabla.

La Intertoto tenía en su configuración varios campeones al haber varias finales que servían, a los campeones de cada fase final, de acceso a la Copa de la UEFA. El invento de la Intertoto desapareció el 30-11-2007 con el cambio de formato de la Copa de la UEFA aplicado desde la temporada 2009-.2010. La última edición fue en 2008.

74 > Dani Güiza.

Intertoto. Ceahlaul Piatra 3-Mallorca B 1. Gol de **Dani Güiza.** (vuelta, 08-07-2000).

El Mallorca se ha recorrido Europa en todas las competiciones posibles sin ser un equipo clásico del continente.

Ha jugado Recopa, Champions, Copa de la UEFA (antecesora de la actual Europa League) y también Intertoto.

75 › Romerito.

Marca de cabeza en plancha, en su debut con el primer equipo (era central del Mallorca B) en el Bernabéu contra el Real Madrid.

Aquel día, el técnico Fernando Vázquez echó mano de algunos jugadores de la cantera debido a las bajas que tenía en la primera plantilla, y Romerito era uno de ellos.

El gol de Romerito en un remate de cabeza en plancha, a pase de Álvaro Novo, supuso el 0-1; luego remontó el Real Madrid que acabó ganando por 2-1. Era la temporada 99-2000 y Romerito cumplió un sueño el 17 de enero de 2000.

76 › Albert Luque.

Al Valladolid en Son Moix para certificar una permanencia.

Temporada 2001-2002. Victoria por 2-1 Remontando el 0-1 al descanso a favor del Valladolid. Todo el mundo con el miedo en el cuerpo porque era una época en la que 'no tocaba' bajar a Segunda. Y no se bajó. Celebración en calzoncillos por la pista de atletismo porque había regalado camiseta y calzón a los aficionados. Era el 11 de mayo de 2002.

77 › Samuel Etoo.

Al Deportivo en Riazor. 5 de febrero de 2003.

Semifinal de Copa 2002-2003, la del título en Elche. El Depor era el vigente campeón tras el 'Centenariazo' del año anterior al Real Madrid en el Bernabéu. El Mallorca jugaba el primer partido de la eliminatoria en campo del rival y ganó por 2-3. En Palma, la vuelta acabó 1-1 y el Mallorca clasificado para la tercera final de su historia. Y a la tercera fue la vencida, pero esa es otra historia.

78 › Lampros Choutos.

Primer gol como mallorquinista: en el 70 aniversario de la UD Poblense, en el Municipal de Sa Pobla.

El griego no tuvo mucha presencia en el equipo y no triunfó. El 1 de septiembre de 2005 le marcó al Poblense el que era el 0-2 de un partido que acabó 0-4.

79 › Lampros Choutos.

Primer gol en la liga del delantero griego. Debut en liga el 17 se septiembre de 2005. Entró desde el banquillo en el 88' y marcó el quinto de la goleada por 5-2 a la Real Sociedad. Su estreno quedó difuminado por el hat-trick de Arango. Era el primer griego que jugaba con el Mallorca en partido oficial.

80 > Guille Pereyra.

Al Betis. Gol para una permanencia. 29-05-2005.

La relación del Mallorca con los partidos épicos ya sea para ascender de categoría o para no perderla, forman parte de la historia del club. Hablamos de una última jornada en un estadio de Son Moix lleno hasta la bandera. El Mallorca perdía 0-1 ante el Betis y se iba a Segunda hasta que, a la salida de un balón parado, Pereyra, centrocampista posicional argentino, muy forzado en su salto, remata de cabeza y marca el gol del empate que supuso la permanencia. Ataque de locura en las gradas de Son Moix y el Mallorca salvado.

▲ Samuel Etoo. La felicidad en forma de Copa del Rey.

▲ Jovan Stankovic siempre está. Su vida es el fútbol.

2010 - 2020

CAÍDA, CENTENARIO Y ASCENSO

Al poco de iniciarse la década, el Mallorca vuelve a tropezar y a caer a la Segunda división y en el peor momento, pues el club cumpliría su Centenario en Segunda división de no mediar antes un ascenso que no llegó en la 2015-2016. El descenso se produjo en 2013, y el retorno, aunque efímero en 2019.

Fueron tiempos convulsos y disparatados en los despachos y lo pagó el terreno de juego.

81 › Abdón Prats.

Al Deportivo. Histórica noche de San Juan. Se desata la locura en Son Moix. Ascenso a Primera división. Noche de San Juan, 23 de junio de 2019.

El gol de Abdón era el 3-0 que sentenciaba la remontada tras perder en el partido de ida en Riazor por 2-0. Son Moix enloquecido; la afición mallorquinista invade el campo y no se ve una brizna de césped, es la locura. Igualar el 2-0 ya daba el ascenso a los bermellones por mejor clasificación en igualdad de resultados entre la ida y la vuelta, y el tercer gol, obra de Abdón, reventó el partido a siete minutos del final. Era poner fin al trayecto de un Mallorca que de 2ª había bajado a 2ªB y había vuelto a subir a 2ª con expectativas de retorno a la Primera división. Aquel Depor estaba entrenado por el mallorquín y exjugador mallorquinista Pep Lluis Martí.

82 › Lago Junior.

1-0 al Real Madrid. 19 de octubre de 2019. Contexto: El Mallorca había regresado a Primera división y hacía unos años que el Real Madrid no visitaba la isla.

A los 7 minutos, el costamarfileño Lago Junior lanzaba un disparo desde fuera del área desde el costado izquierdo y con comba hacia adentro que batía la portería blanca. El Real Madrid fue incapaz de igualar y ese tempranero gol le daba la victoria por 1-0 al Mallorca siete años después de la última visita blanca a la isla.

83 › Salva Sevilla.

Debut en Segunda B el 19 de septiembre de 2017. Falta directa saliendo del banquillo.

El Mallorca había caído al pozo de la Segunda B tras cinco años deambulando en Segunda.

Al equipo le faltaba un faro sobre el que girase el juego del equipo y echó mano de un veterano de esos que, a priori, la gente pensaba que venía a cobrar y a retirarse. Luego el tiempo demostraría a qué vino Salva Sevilla y la firma ya la puso el día de su debut.

El Mallorca recibía al Atlético Saguntino. Son Moix, medio vacío o medio lleno, según se mire.

En el transcurso de la segunda parte, Salva Sevilla entra desde el banquillo para sustituir a Pedraza y se va directamente hacia la posición en la que el árbitro ha señalado falta directa a favor del Mallorca. Ese iba a ser su primer contacto con el balón en partido oficial con el Mallorca. La falta era ideal para el perfil de un diestro y para un especialista como el andaluz.

Salva Sevilla coloca el balón. Mira hacia la portería contraria. Toma carrerilla, golpea y ¡¡¡Gol!!!

Era el 2 a 1 en el minuto 81. Eso es un debut, y lo demás son cuentos. Y para no conformarse con ello, minutos después lanzó un centro medido desde la banda derecha para que Abdón Prats, de cabeza, marcara el tercero. Lo dicho, hay debuts y debuts y el de Salva Sevilla es histórico.

84 › Lago Junior.

Al Elche. Lucha por la permanencia en Segunda.

El Mallorca luchaba por la permanencia a tres partidos para acabar la temporada, una campaña decepcionante del equipo bermellón que estaba contra las cuerdas.

Era el 25 de mayo de 2016 y con el marcador de 1-1, Lago Junior marcaba el definitivo 2-1 en el minuto 91 de partido. Ese gol formó parte de una salvación agónica.

85 › Dani Rodríguez.

En el retorno a Primera seis años después, en la primera jornada al Éibar y su primer gol en 1ª división, nada más empezar el partido. 17-08-2019. Minuto 3. Mano a mano con el portero rival.

El doble ascenso de categoría del Mallorca de Vicente Moreno, de Segunda B a Segunda y de

Segunda a Primera, llevó a un crecimiento social mallorquinista importante.

Volver a Primera años después de la travesía por Segunda y Segunda B tenía encandilada a la gente y el primer rival en Son Moix fue el Éibar.

Dani Rodríguez no esperó mucho pues a los 3 minutos marcaba el primer gol del retorno. El partido acabó con victoria mallorquinista por 2 a 1.

86 > Marco Asensio.

En Segunda división.

Era el año de su puesta en escena, aparecía por primera vez en el escaparate. Falta directa en el 93', victoria ante el Barça B (2-4). Era el 28 de febrero de 2015. Su zurda empezaba a dibujar grandes goles.

87 > Giovani Dos Santos.

Falta directa en un Mallorca-Málaga el 27-01-2013.

Pelotazo que impacta en el larguero por dentro y entra de forma violenta. El mexicano apuntaba grandes cosas, pero no llegó a triunfar de lleno. Técnicamente era un prodigio que marcaba diferencias.

88 › Gonzalo 'Chori' Castro.

6-1 a la Real Sociedad en Son Moix en Copa del Rey. 10-01-2012.

Le 'roba' el balón apareciendo por detrás al portero de la Real que se confía echando el balón al suelo sin pensar que el Chori venía por detrás tras la jugada anterior. El uruguayo era un jugador rápido, intuitivo, con buen disparo y buene ejecución en el mano a mano. En esta jugada demostró ser, además, listo y pillo.

89 › Kasim Adams.

Al Barça B le mete dos goles el 28 de septiembre de 2014.

Defensa central ghanés de 21 años, del Mallorca B. Debuta en el primer equipo en Segunda división contra el Barça B en Son Moix y marca ¡dos goles! En los minutos 4 y 73 de un partido loco que acaba 3 a 3. Dicho mal y pronto: poco más se supo.

90 › Tomer Hemed.

Granada-1-Mallorca-2. Jornada 26 (04-03-2013).

De cabeza en el 94' para ganar el partido. El Mallorca solo había ganado un partido en los últimos 5 meses. Acabó descendiendo a Segunda. El israelí era un buen delantero, tenía olfato de gol, pero a aquel Mallorca solo eso no le era suficiente.

91 › Javier Bonilla.

0-1 en Peralada. 20-08-2017.

Histórica primera jornada en Segunda B, 37 años después de la última presencia en la tercera categoría del fútbol español (temporada 79-80).

En 2017 el Mallorca sale de la LFP y recala en la desaparecida Segunda B, rebautizada y reestructurada en las actuales 1ªRFEF y 2ªRFEF.

En el reencuentro con otro fútbol, el estreno es con victoria gracias a un solitario gol en el minuto 69 de partido del lateral izquierdo Javi Bonilla, futbolista soriano recién llegado esa temporada a la isla y enormemente apreciado por la afición mallorquinista. Un tipo sencillo, que se hizo querer y que marcó un gol con historia, el primero de una temporada que acabó con el regreso a Segunda división.

Histórica la imagen del entonces propietario, Robert Sarver, haciendo cola en la puerta del urinario a la vista de todo el complejo polideportivo junto al campo y la piscina.

92 › Álex López.

3-2 al Atlético Baleares en Segunda B. Son Moix.

De cabeza en el 72' con 2-2 en el marcador. Celebración simbólica mostrando el escudo al sector donde estaban los seguidores blanquiazules. (21-01-18).

No son tantos los duelos palmesanos entre Mallorca y Atlético Baleares como para que la rivalidad tenga peso. Han coincidido poco en la misma categoría y por eso, si hay alguno simbólico es el de la temporada 2017-2018 en Segunda B.

El Mallorca había descendido a los infiernos la temporada anterior y se iba a encontrar casi cuarenta años después con el rival de la ciudad en un derbi casi olvidado.

Se adelantó el Baleares; Aridai y Salva Sevilla remontaron; empató el Balears y la sentencia llegó con el gol de cabeza de Álex López cuya celebración fue icónica para los mallorquinistas al mostrar el escudo al grupo de baleáricos que habían asistido a Son Moix.

Ese Mallorca de Vicente Moreno ascendió a Segunda y seguidamente ascendió a Primera de una tacada, mientras que el Baleares se quedó donde estaba.

93 › Pierre Webó.

De cabeza (da igual cuando leas esto).

El camerunés era especialista en el remate de cabeza. Al Levante le marcó en el minuto 85, a la salida de un córner ejecutado por Jonathan De Guzmán. Era la etapa de Michael Laudrup como entrenador. (01-11-2010).

94 › Julio Álvarez.

Todo un especialista en el lanzamiento de faltas.

Sin embargo, le marcó en jugada al Rayo Vallecano en Vallecas, sobre la nieve, y tras recibir una peinada de cabeza de su compañero Pezzolano. Eliminatoria de Copa del Rey el 7 de enero de 2010.

2020 - 2026...

DE VUELTA OTRA VEZ

Nuevo regreso en 2021, siempre con la incertidumbre a cuestas, y en otra final de Copa del Rey, la cuarta, tercera sin premio.

95 > Abdón Prats.

Chilena en Almería. En Segunda división, el 04-12-2020. Almería y Mallorca eran dos de los gallitos candidatos al ascenso a Primera. Quedaba mucha liga por delante, pero ya era un duelo para tener en cuenta. El gol es de lo más simbólico: marcado el 1 de marzo, día de les Illes Balears. Gran jugada de Lago Junior por la banda izquierda y centro medido al área para que el 'dimoni' d'Artà remate de chilena marcando un gran gol que, además, suponía tres puntos importantes ante un rival directo.

96 › Abdón Prats.

Al Rayo Vallecano. Clave para la permanencia. Otra vez Abdón marcando uno de esos goles para los que parece señalado por una cuestión divina. El Mallorca recibía al Rayo en Son Moix en plena lucha por la permanencia en Primera.

El marcador estaba con empate a uno en el minuto 91, ya en tiempo añadido, y Pablo Maffeo manda un centro desde la banda derecha, pasado hasta el segundo palo donde espera Abdón que, controla y dispara cruzado al otro palo para dar la victoria, 2-1, al Mallorca y seguir sumando en pos de la salvación. Era el 16 de mayo de 2022 y la penúltima jornada de liga.

97 › Dani Rodríguez.

Final de la Copa del Rey en La Cartuja (Sevilla). 06-04-2024.

Hacía la friolera de 21 años desde la última final de Copa que había jugado el Mallorca. El equipo de Javier Aguirre peleando en la liga con el objetivo de siempre de la permanencia fue avanzando paralelamente en la Copa hasta plantarse en una final nunca imaginada. El rival, un clásico de la Copa, el Athletic Club con el cartel de favorito.

Pero el Mallorca se adelantas en el marcador gracias a un gol del centrocampista gallego, Dani Rodríguez, que levanta a los veinte mil mallorquinistas que estaban en el estadio. Era el 0-1. El resto es historia. El Athletic empata y acaba llevándose el título en la tanda de penaltis. Año y medio después, Dani sale del Mallorca tras un conflicto tan desagradable como inesperado. Su crítica en redes sociales al entrenador por no darle minutos en la visita al Bernabéu en favor de un chico joven recién fichado hace que el club le aparte y le sanciones de empleo y sueldo durante los 10 días que determina el reglamento y posteriormente rescinda contrato. Ídolo de barro. Era uno de los capitanes de la plantilla y con una trayectoria, hasta el momento, intachable.

98 › Luka Romero.

Gol más joven en la historia del club.

4-0 al Logroñés. Segundo futbolista más joven en la historia global de la Segunda división. Marcó con 16 años y 11 días. 18 de noviembre de 2020. Dorsal 29. Lo celebró llorando desconsoladamente rodeado y abrazado por el resto del equipo. Minuto 84'. Luka era un niño entre hombres.

99 › Takuma Asano.

Gol 500 en Son Moix: 02-03-2025. Al Alavés. 1-1.

No se ha prodigado mucho ante la portería el delantero japonés, pero tuvo un momento para la historia al anotar el que era el gol 500 en la historia del Mallorca como local en el estadio de Son Moix.

100 › Takuma Asano.

En el Trofeo Ciudad de Palma de 2024. 10-08-2024.

Desmarque de ruptura y control orientado de pecho con un rival encima a un pase de Darder de 30 metros, y elevación del balón por encima del portero del Bolonia. Así fue la carta de presentación ante la afición mallorquinista del jugador japonés. El partido acabó 1-1 y con derrota en la tanda de penaltis.

101 › Aleksander Sedlar.

Defensa central serbio.

En la Copa del Rey le marcó al Llanera. Marcó el 0-1 de un partido que acabó 0-6 en la 2ª ronda de la Copa 2021-22. No era habitualmente titular y ahí marcó sus únicos goles con el Mallorca porque, no contento con el primero, marcó un segundo gol minutos después. Doblete inesperado. Poco después fichó por el Alavés. Fue el 16 de diciembre de 2021.

102 › Javi Llabrés.

Prometedor extremo zurdo de la cantera.

El 20-01-24 le marca al Villarreal en La Cerámica su primer gol en liga con el Mallorca. Llevaba solo 3 minutos en el campo y anotó en el minuto 90 el 1-1 que daba el empate y un punto. Fechas antes le había marcado dos goles al Valle de Egüés en la Copa del Rey en un partido disputado el 06-12-23.

103 › Omar Masacarell.

Primer gol en Primera el 11 de mayo de 2025.

A sus 32 años y tras una larga trayectoria, el centrocampista canario marca su primer gol en Primera división en la jornada 35 de la temporada 2024-2025. Mascarell anota uno de los dos goles bermellones en Son Moix al Valladolid (2-1) rematando en el segundo palo un centro de Pablo Maffeo desde la banda derecha. Fue una alegría personal y también colectiva.

104 › Ángel Rodríguez y Clément Grenier.

Marcan los goles de la victoria en Pamplona ante Osasuna (0-2) en la última jornada de la liga 21-22 el 23 de mayo de 2022.

Ese resultado confirmaba la permanencia en Primera división en la última jornada del campeonato. Una historia más en las permanencias del Mallorca en la máxima categoría, siempre a contrarreloj y no siempre dependiendo de uno mismo.

105 › Víctor Mollejo.

Un gol importante, pero a toro pasado.

No hay como ganar al día siguiente de que se confirmara el ascenso a Primera división. Los resultados del sábado así lo atestiguaban y el Mallorca salió a jugar en Tenerife tras la fiesta nocturna del ascenso. Mollejo era un jugador cedido que había tenido poca presencia en el equipo desde el mercado invernal, pero marcaba el 0-1 de la victoria. Fiesta sobre fiesta el 20 de mayo de 2021.

106 › Johan Mojica.

Un gol con varios protagonistas.

Fue de libre indirecto dentro del área a Las Palmas para ganar 2 a 3. Jugada previa: pique entre Mata, defensor de Las Palmas y Muriqi, delantero del Mallorca, que acaba con el kosovar expulsado por responder a una celebración del canario en su acción defensiva con una 'peineta'. Y en la falta señalada, saca en corto Samu Costa, amaga pasando por encima Chiquinho y fusila por alto el colombiano Mojica desde la línea frontal del área pequeña. 23 de noviembre de 2024.

107 › Sergi Darder.

De penalti en una tanda y no una tanda cualquiera. 27-02-2024.

Tanda de penaltis en las semifinales de Copa del Rey, en el partido de vuelta, en Anoeta ante la Real Sociedad. Es el quinto penalti; si el Mallorca gana se clasifica para la Final de la Copa del Rey 21 años después de la última. Copa-2024. Sergi Darder marca y el Mallorca vuelve a una final de la Copa del Rey más de veinte años después.

El Mallorca cae después en la Final contra el Athletic... en la tanda de penaltis. El karma, supongo.

108 › Abdón Prats.

Primer gol de Abdón en Primera división.

Derrota 3-1 en Vallecas ante el Rayo Vallecano. Con 3-0 en el marcador, Abdón entra al terreno de juego en el minuto 85 y marca cuatro minutos después, en el 89, el gol del honor. Era la jornada 14 de la temporada 21-22, el 22 de noviembre de 2021. Qué poco se imaginaba él que un día le marcaría, también al Rayo, un gol vital para una permanencia en Primera. El destino.

109 › Mateu Jaume Morey.

Vuelta a la isla años después.

Nacido en Petra (Mallorca), iniciado en el Mallorca, voló a Barcelona e hizo parte de su carrera en el Borussia Dortmund donde las lesiones le castigaron. Pero todo futbolista tiene derecho a entrar en la historia y el mallorquín lo hizo por partida triple el 23-08-2025.

A dos minutos del final, el Mallorca perdía en la segunda jornada de liga su segundo partido consecutivo en casa por 0-1 ante el Celta. Un cúmulo de acciones entre mallorquines (Jan Salas, Marc Domenech, Abdón Prats, y el propio Morey) acaba suponiendo el empate a uno final. Primer motivo para la historia: suponía salvar un punto; segundo motivo: es el primer gol oficial de Morey como profesional; y tercer motivo: supone el gol 800 del Mallorca en el estadio de Son Moix. Triplete estadístico para la historia.

110 › Vedat Muriqi. El 'Pirata'.

Debut contra el Cádiz en Son Moix. El nacimiento como goleador mallorquinista de Muriqi se inicia el 6 de febrero de 2022.

El delantero kosovar marca así su primer gol como bermellón, desde el punto de penalti. Era el segundo de una victoria por 2-1. El primer gol también fue de penalti y lo marcó Salva Sevilla. El resto es historia del kosovar. Los goles se le han ido cayendo de los bolsillos uno tras otro.

Y quizá el más significativo sea el número 50 de su carrera como mallorquinista. La cifra es muy simbólica y además le dejaba a solo 4 del máximo goleador en liga del Mallorca, el camerunés Samuel Etoo. Fue el 15 de febrero de 2026 en un Mallorca-Betis que acabó con derrota por 1-2, aunque sirvió para celebrar esos cincuenta goles del kosovar que lo marcó con su mejor firma, con un espectacular remate de cabeza hacia la escuadra de la portería verdiblanca, un golazo que además era el 16 de la temporada superando su propio récord como bermellón establecido en 15 en su segunda temporada en la isla.

EN LA PRÓRROGA...

Como si fuese esto un partido de fútbol, me he reservado algún gol más para incluirlo en esta especie de prórroga. Me daba pena dejarlos en el tintero.

'Chechu' Delgado...

Al Castilla en el Municipal de Sa Pobla el 9 de enero de 1983.

¿Al Castilla en Sa Pobla?, este detalle merece una explicación.

Al Mallorca le cerraron el Lluis Sitjar por una serie de altercados ante el Hércules con lanzamiento de objetos y presuntas agresiones al árbitro y a uno d ellos asistentes, entonces llamados 'liniers'. El comité de competición sancionó al Mallorca con el cierre del estadio y permitió, con relativa distancia geográfica, que el siguiente partido lo jugara en la isla. El campo elegido fue el del Poblense y el 9 de enero de 1983 el Mallorca goleó por 3-0 a los blancos entre los que figuraban en la alineación futuras estrellas como Butragueño, Míchel y Chendo. El centrocampista extremeño del Mallorca, 'Chechu' Delgado marcó el primero de esos tres goles. Delgado era un centrocampista técnicamente exquisito que estuvo cinco temporadas en la isla. Llegó procedente del Elche y cinco años después se fue al Murcia. Muy apreciado por la afición bermellona.

Take Kubo...

Falta directa desde fuera del área en un Mallorca-Espanyol de octavos de final de la Copa del Rey jugado en Son Moix el 15 de enero de 2022. Hasta la fecha de la publicación de este libro, el Mallorca no ha vuelto a marcar un gol de libre directo.

Felipe Mattioni...

Volea espectacular del lateral derecho brasileño en Son Moix al Atlético de Madrid (4-1). A la salida de un córner ejecutado por Julio Álvarez al pico del área del lado contrario del área, y en la frontal del área, y sin dejarla caer, engancha una volea que entra clavada por la escuadra izquierda de la portería del Atlético. Fue en la temporada 2009-2010, el 21 de marzo de 2010 en la jornada 27. Felipe Mattioni se fue después al Espanyol.

Aritz Aduriz (con el Valencia)...

No fue un gol del Mallorca, pero se celebró como tal. Aduriz salió del Mallorca con destino al Valencia y visitaba al Depor que se jugaba en la última jornada la salvación en pugna con el Mallorca. Última jornada de la temporada 2010-2011. Aduriz echa una mano el 21 de mayo de 2011.

El Mallorca perdió en Son Moix 3-4 ante el Atlético de Madrid, pero el Depor perdía también en su casa ante el Valencia por 0-2. El primero de esos dos goles lo marcaba el exmallorquinista Aritz Aduriz y en Son Moix se celebró con el público puesto en pie... como si fuera un gol del Mallorca. Era un gol para la permanencia de los bermellones una temporada más en Primera, mientras que el Deportivo se fue a Segunda.

Miquel 'Nanu' Soler...

Primer y único gol con la camiseta del Mallorca. Sorprende que sea así por sus proyecciones ofensivas constantes, pero siempre fue un buen asistente que no miraba demasiado a portería.

El 4 de noviembre de 2001, el Nanu batía la portería del Tenerife en Son Moix en el minuto 91 para establecer el definitivo 2-0 en el marcador.

Carlos Ángel Roa...

En la tanda de penaltis de la inolvidable y trágica final de la Copa del Rey de Mestalla contra el Barcelona jugada el 29 de abril de 1998.

Fue una de las noches más gloriosas del mallorquinismo que, pese a la derrota final, se sentía orgulloso de su equipo.

Barça y Mallorca disputaron una final épica en la que se adelantó el Mallorca, empató el Barcelona, se llegó al final en cuya prórroga el Mallorca acabó con nueve jugadores y la tanda de penaltis dictó sentencia.

Stankovic tuvo la posibilidad de dar el título y falló. Y el fallo definitivo de Eskurza le dio la Copa al Barcelona.

En esa tanda de penaltis brilló sobre manera el mejor portero de la historia del club, con permiso de Zaki Badou, (opinión particular). Carlos Ángel Roa paró dos lanzamientos azulgranas y marcó el suyo con una categoría excelente. Era un 29 de abril de 1998 que resultó inolvidable. Las lágrimas de Roa fueron las lágrimas más sentidas del Mallorca contemporáneo.

Yoshito Okubo...

Primer futbolista japonés en la historia del RCD. En su primer partido con la camiseta bermellona le marcó su primer gol en la liga española al deportivo de la Coruña en Son Moix el 9 de enero de 2005. Luego también le marcó otro gol importante al Depor en Riazor. No llegó a triunfar, pero fue el pionero para que después llegaran compatriotas como Akihiro Ienaga 'Aki', Takefusa 'Take' Kubo, y Takuma Asano.

Kang-in Lee...

Llegó al Mallorca procedente del Valencia y le marcó al Valencia en Mestalla, la ley del ex.

El exvalencianista surcoreano triunfó en el Mallorca y su sociedad con Muriqi fue espectacular.

El 22 de octubre de 2022 visitaba Mestalla y marcó un golazo de calidad individual en el minuto 83 para darle los puntos al Mallorca. Transformó el 1-1 en el 1-2 y levantó los brazos en señal de disculpa ante la que había sido su afición.

Su venta al PSG por 22 millones de euros fue la segunda más elevada en la historia del Mallorca tras la de Etoo en 2005 por 27 millones.

Kang-in Lee dejó en la isla buen fútbol y dinero en las arcas del club.

Víctor Casadesús...

El futbolista mallorquín (nacido en Algaida) que más goles ha marcado en Primera división, 37.

El primero fue en Soria ante el Numancia, pero sus dos primeros goles en casa, en Son Moix, sirvieron en plena lucha por la permanencia para conseguir la salvación la temporada 2004-2005, la de su estreno en Primera.

El Mallorca superó por 4 a 3 al Athletic Club y Víctor marcó dos goles, los dos primeros de su carrera ante la afición mallorquinista. Anotó el segundo y el cuarto, este último para lograr la victoria. Era el 15 de mayo de 2005.

Su trayectoria como bermellón abarcó desde 2004 hasta 2013.

Óscar Trejo...

Debut y gol. Sentenció con el segundo gol el 2-0 ante el Getafe en Son Moix. La particularidad del gol del joven argentino es que entró en el terreno de juego sustituyendo a un compañero en el minuto 90 para arañar segundos al final del partido con la victoria mínima y aún así tuvo la ocasión de marcar en el 94' a pase de Arango. Regateó a dos contrarios y batió al Pato Abbondanzieri, el 8 de abril de 2007.

No obstante, a Trejo, de 18 años, le costó poder debutar por problemas burocráticos entre Boca Juniors, su club de origen, y el Mallorca. Dos meses después de su llegada a la isla, la FIFA falló a favor del Mallorca y fue presentado el 6 de marzo. El Mallorca pagó derechos de formación, después de que el club mallorquinista trajera al jugador con un cambio de residencia.

Después hizo carrera en el Rayo Vallecano con el que eliminó al Mallorca en cuartos de final de la Copa del rey marcando de penalti a los bermellones, ¿saben qué día? El día que debutó Muriqi con el Mallorca. Los círculos del fútbol.

TRIGOLEADORES o HAT-TRICKEROS

Dícese de aquellos que marcan tres goles en un mismo partido.

En su origen se le otorgaba el hat-trick (expresión inglesa que define el hecho) a aquel jugador que marcaba tres goles en un tiempo, es decir, en la primera o en la segunda parte, y además marcados uno con el pie derecho, otro con el pie izquierdo y otro con la cabeza.

No obstante, esas condiciones se fueron perdiendo y ahora se considera hat-trick marcar tres goles en un partido, independientemente de que se produzca entre la primera y la segunda parte y con la parte del cuerpo que sea.

Dicho esto, ahí van algunos de los trigoleadores bermellones en partidos oficiales:

El Rey del Hat-Trick mallorquinista es Goran Milojevic. El serbio marcó cuatro veces tres goles en un partido:

El primero fue en un Mallorca 4 - Deportivo 2 de la temporada 91-92.

Después llegaron cuatro más:

Temporada 92-93... Mallorca 4 - Barça B 0

Temporada 93-94... Mallorca 4 - Cádiz 0

Temporada 94-95... Mallorca 5 - Osasuna 0

Como homenaje a sí mismo, en su último partido con el Mallorca le marcó un póker (4 goles) al Bilbao Athletic en un Mallorca 6 - Bilbao Athletic 2.

OTROS

Francisco Sampedro. Temporada 62-63.
Mallorca 5 - Málaga-0.

Pepillo (José García Castro). Temporada 62-63.
Mallorca 4 - Atlético de Madrid 0.

Andrés Molina. Temporada 65-66.
Mallorca 4 - Las Palmas 1.

Bergara II. Temporada 65-66.
Mallorca 4 - Athletic Club 1.

Enrique Magdaleno. Temporada 86-87.
Mallorca 4 - Las Palmas 0.

Zoran Stojadinovic. Temporada 88-89.
Mallorca 3 - Lleida 0.

Vlada Stosic. Temporada 92-93.
Mallorca 4 - Figueres 0.

Carlos Domínguez. Temporada 96-97.
Alavés 2 - Mallorca 3.

Leo Biagini. Temporada 98-99.
Mallorca 6 - Athletic Club 1.
Por cierto, el pasador también hizo hat trick pues Stankovic le dio los tres pases de gol al argentino.

Walter Pandiani. Temporada 2002-2003.
Valladolid 1 - Mallorca 3.

Juan Arango. Temporada 2005-2006.
Mallorca 5 - Real Sociedad 2.

Juan Arango. Temporada 2006-2007.
Mallorca 7 - Recreativo 1.

Dani Güiza. Temporada 2007-2008.
Real Murcia 1 - Mallorca 4.

Vedat Muriqi. Temporada 25-26.
Mallorca 3 - Athletic Club 2.

Al margen de la Liga, otros trigoleadores en otras competiciones, fueron los siguientes:

Hassan Nader. Temporada 90-91.
Copa del Rey. El Mallorca golea por 6-0 a la Gimnástica de Torrelavega con tres goles del marroquí. Esa temporada el Mallorca llegó a la primera final de su historia que perdió ante el Atlético de Madrid.

Carlos Domínguez en Copa del Rey.
Valladolid 1 - Mallorca 4 en 2003.

Ángel 'Petete' Correa en Copa del Rey.
Sabadell 2 - Mallorca 4 en 2003.

Samuel Etoo en Copa de la UEFA, temporada 2003-2004.
Mallorca 4 - Apoel Nicosia 2.
Fue el 15 de octubre de 2003.

Abdón Prats en Copa del Rey.
Boiro 0 - Mallorca 4 en 2023.

Juan Cifre en Segunda división.
Mallorca 6 - Ilicitano 1 en 1968.

Goran Milojevic en Segunda división.
Mallorca 6 - Bilbao Athletic 1 en 1995.
Fue su último partido como bermellón.

Jovan Stankovic en Copa de la UEFA.
Mallorca 4 - Mónaco 1.
Temporada 99-00. El 2 de marzo de 2000.

Brandon Thomas en Segunda división.
Mallorca 3 - Huesca 0 en 2016.

Tino Kadewere en el Trofeo Agricultura de Sa Pobla en 2022.
Poblense 1 - Mallorca 4.

Y muchos más en categorías como Segunda B o Tercera.

P.D.

En un libro dedicado a goles y goleadores del RCD Mallorca, no debo olvidarme de muchos más como Julià Mir, Antonio Oviedo, Ernesto Domínguez, Kustudic, Orellana, Luis García Fernández, Nunes, Obiku, Iván Ramis, Budimir, Fernando Varela, Haro, Pepillo, Higuera, Orejuela, Bruggink, Delibasic, Jankovic, Emilio Nsue…

AGRADECIMIENTOS

Principalmente a todos aquellos, sin cuyos goles, este libro no existiría.

Como tampoco existiría si no fuera por Rapitbook y dos personas con las que gestionar un libro es un placer: Tonio Milián y Andrés Cárdenas.

A Diario de Mallorca, especial y particularmente a B.Ramon/Diario de Mallorca y Lorenzo/Diario de Mallorca por su inestimable y desinteresada aportación y colaboración fotográfica con imágenes que reflejan algunos de esos goles tan importantes, mediante consulta y gestión de mi apreciado colega Sebastià Adrover.

A Don Joan Forteza Bennàssar, porque su primer gol en Primera le convirtió en mito; a él y a su fotografía.

A un gran número de futbolistas que en algún momento me han recordado detalles de sus goles para recrear la historia. La lista sería muy extensa, y solo diré que todos aparecen en este libro.

Y de manera especial a Javi Padilla, mi fotógrafo de cámara; heredero fotográfico de mi querido y recordado Justo González. Gracias Javi por crear la portada de este libro y por tu aportación fotográfica y técnica.

A Papá y Mamá por llevarme al fútbol, al Luis Sitjar, desde muy pequeñito, allá por los setenta.

Y, como siempre, a mi informático de guardia, Jordan Pozo, sin cuya ayuda, el ordenador reventaría por los cuatro costados.

FUENTES

La memoria de cada uno, quien escribe incluido, ya es mucho, pero, además, siempre con la colaboración de esos 'amigos-aficionados-colegas' que aportan, y mucho, como Xesc Ramis o Jordi Vidal.

Entre ellos, Xesc Ramis a través de su cuenta **@soydelmallorca**, una fuente inagotable de datos y estadísticas para crear una enciclopedia mallorquinista.

O también **@Birmingham1999** con imágenes que nos recuerdan algunos de los goles aquí citados.

Vídeos caseros, prensa coleccionada, ya sea Diario As, Marca, Diario de Mallorca, Última Hora, y libros que dan fe de muchas de las historias mallorquinistas desde 1916 hasta 2026, 110 años, condensados en 110 goles.

RELACIÓN DE LIBROS CONSULTADOS

Un siglo con el RCD Mallorca 1916-2016. Miguel Vidal Perelló y Jordi Vidal Reynés. Editado por la Comisión del centenario del Real Mallorca.

R.S. Alfonso XIII. La cara oculta del Real CD Mallorca. 1916-1931. Juan Carlos Pasamontes. Aquil·les Editorial.

Los cracks se visten de rojo. Albert Salas. Editorial Círculo Rojo.

Memorias del Sitjar. Tommy M. Jaume. Ediciones Balearia.

EL AUTOR

GABRIEL FORTEZA VASALLO

(Palma, 1967)

Dedicado especialmente al mundo de la radio y a la locución deportiva, sus inicios fueron colaborando en la desaparecida Antena 3 Radio, en Menorca, en 1993.

Tras regresar a casa, el camino le condujo a su etapa profesional en Radio Mallorca-Cadena SER desde 1995 hasta 2014, acompañado de sus corresponsalías en los diarios Marca (1996-2001) y As, en dos etapas (2001-2014 y 2018-2026).

A su vez ha colaborado en diferentes medios de comunicación, ya sea radio (COPE Mallorca, Radio Marca), televisión (Localia TV, ya desaparecida, e IB3), o prensa en Diario de Mallorca.

En la actual etapa profesional forma parte del equipo de la redacción deportiva de IB3 Ràdio, la radio pública de les Illes Balears, desde 2019.

El seguimiento a los equipos de las islas, especialmente en la actualidad con el Illes Balears Palma Futsal, o anteriormente con el RCD Mallorca, y deportistas de otras disciplinas, ha sido su modus vivendi durante los últimos 30 años.

Su interés por la historia pasada y presente del Real Mallorca le ha llevado a condensar en estas páginas la elección de 110 goles bermellones aprovechando que la entidad mallorquinista celebra sus 110 años de vida.

Dedicado a esos aficionados que sufren y disfrutan, y que tantas veces gritaron ¡Gol!, este es un pequeño resumen de una gran historia.

Publicado anteriormente:

Sin miedo a caerme - Na/An dando de la mano de Xavi Torres. Editorial Rapitbook. 2019

Gracias a todos.

Y a por más goles.